গোধূলী

টুইলাইট

ISBN 979-888546251-8

বিষয়বস্তু

ভূমিকা	v
1. সমাজ	1
2. কলকাতার বুকে	3
3. স্মৃতি	5
4. মানুষের মৃত্যু	7
5. আবির ছড়ানো পরাহ্ন	9
6. ইচ্ছা	20
7. শাস্তি	22
8. কিছুটা অন্যরকম	26
9. কঠিন বাস্তবতা	29
10. আমার ষোলোটা বছর	33
11. গল্পের অন্তিমে	35
12. ।।রাধেয় নয় তুই কুন্তী তোর মা।।	40
13. বনের পাখি	43
14. হৃদয়াঙ্গনে	44
15. মাস্টার দা	45
16. ফিরে দেখা	51
17. ক্যামেরার পিছনে	56
18. শেষবেলা	61
19. প্রকৃত সত্য	78
20. খেলাঘর	80
21. দাম	82
22. Peace Of Silence	87

ভূমিকা

"গোধূলি" নামক সংকলনটি প্রকাশিত করা হচ্ছে Twilight Publication-এর পক্ষ থেকে প্রথম উদ্যোগ হিসেবে। এই সংকলনের মারফত আপনি সমষ্টিবদ্ধ আকারে পেয়ে যাবেন বিভিন্ন লেখক/লেখিকাদের লেখা। বেশিরভাগ যুবসমাজের লেখক/লেখিকাদের সৃষ্টিই নিজগুনে নিজেদের স্থান করে নিয়েছে এই সংকলনে। আশা করি এখানে স্থান পাওয়া প্রতিটা লেখা আপনাদের মনে নিজস্ব জায়গা দখল করে নেবে। এমনকি আপনারাও আপনাদের সৃষ্টি তুলে ধরতে পারেন সমাজের সামনে আমাদের Twilight এর মাধ্যমে। তাতে বেশি কিছু করতে হবে না শুধুমাত্র নিজের সৃষ্টি মেইল করতে হবে hemlockgirl06@gmail.com এই মেইল আইডি তে। মনে রাখবেন "আপনার স্বপ্ন,আপনার অহংকার।" আর আপনার সৃষ্টিকে সবার সামনে উজ্জ্বলিত করে তুলে ধরার দায়িত্ব আমাদের অর্থাৎ "Twilight"এর।

~ধন্যবাদান্তে
হেমলক শেরগিল
ফাউন্ডার এন্ড সি.ই.ও অফ
Twilight.

1

সমাজ

সমাজ

সৃষ্টি পাহাড়ি

কখনও কান পেতেছ নিস্তব্ধতায়?
কখনও শুনেছ তার আর্ত চিৎকার?
কখনও দেখেছ একটা গোটা সভ্যতার শিকড় জুড়ে ছড়িয়ে কুসংস্কার?
আমি দেখেছি।
আমি দেখেছি - কত অনাচার মাথাচাড়া দেয় রোজ।
আমি দেখেছি - বৈধব্যের অভিশাপে অসংখ্য মনের মৃত্যু।
আমি দেখেছি - নির্যাতিত মেয়েটা সমাজের অবহেলায় আত্মহত্যা করে।
আমি দেখেছি পুত্র সন্তানের আশায় পুরুষের দ্বিতীয় বিয়ে।
আমি দেখেছি সমাজের নির্মমতা।
আমি শুনেছি কন্যা সন্তান নাকি পরিবারের বোঝা,
আমি শুনেছি ছেলেরাই নাকি বংশের বাতি।
আমি শুনেছি মেয়েদের মানিয়ে নিতে হয়,
আমি শুনেছি পুরুষ মানুষের অত্যাচার নাকি ভালোবাসার পরিচয়।
আমি শুনেছি ছেলেদের নাকি কাঁদতে নেই,
আমি শুনেছি মেয়ে মানুষ মানেই নরম,স্থির চাহনি।
আমি শুনেছি অন্ধকারের শিকড়ে জমা বুক ফাটা চিৎকার।
কখনও কি বদলাবে সব ? হবে কি নতুন সূর্যোদয়?
বদলে যাবে সব কিছু , ফিরবে কি সোনার সময়?

উত্তর নেই!
নতুন প্রজন্ম বেড়ে ওঠে পাশে নিয়ে ভয়,
সমাজ,সে তো সমালোচক বৈ আর কিছু নয়!

2

কলকাতার বুকে

কলকাতার বুকে

সমতা ঘোষ

রাতের আঁধার ভেদ করে যদি কখনো
হাঁটতে চাও কলকাতার বুকে,
তবে দেখবে বহু মানুষ একটু নিদ্রার সুখে
কাতরে মরে দোকানের চাতালগুলোতে।
তুমি যখন ব্যাস্ত থাকো
তোমার সুখের পাহাড় বানাতে,
খোঁজ নিয়ে দেখো, কোথাও না কোথাও
তারা দুঃখের মাঝেই তাদের জীবন খোঁজে।
জীবন যে কতটা কঠিন,
বাস্তবের মাটিতে নাকি না হাঁটলে বোঝা যায় না!
কখনও কলকাতার বুকে হেঁটে দেখো শখের চোটে,
দেখবে তাদের কাতর মুখখানি, বিষাদ নিয়ে আসে।
জীবন হতে পারে ছোট,
তবে সহজ মোটেই নয়।
আজও বহু মানুষের পেটে ভাত জোটে না,
ক্ষুধার জ্বালায় তারা ছটপটিয়ে রয়।
বাঁচা তাদের দুষ্কর, তবু বাঁচতে চায় তারা
হাঁটতে চায় তারা জীবনের এই যন্ত্রনাময় পথে,

কারণ তাদের শখের মানসিক কষ্ট নয়,
লড়াই জেগে ওঠে রন্ধ্রে রন্ধ্রে।
ভেবেছ কি কখনও ?
যে জিনিস তোমার কাছে তুচ্ছ, বিরক্তি মনে হয়,
সেই একই জিনিসই তাদের কাছে অপ্রাপ্য
তাদের চরম খুশির কারন হয়ে দাঁড়ায়।।

3

স্মৃতি

স্মৃতি

সমতা ঘোষ

দীর্ঘ এক অপেক্ষার প্রহর গোনা শেষে
নতুন আরেক বছরের সূত্রপাত হয়,
নতুনের মাঝে পুরানো স্মৃতির ঘনঘটা !
সে তো সর্বদাই চলন্ত রয়।
প্রহরের পর প্রহর কাটে,
রাতের নিদ্রা ভোরের আলোয় জাগে।
মুহূর্তগুলো শুধু রয়ে যায়
স্মৃতির বাঁধা-ধরা আগলে।
মন কেমনের সঙ্গী গুলো
সময়ের সাথে পাল্টে যায়,
আদলের বড় বদল ঘটে
স্মৃতি তবু বারে বারে প্রকট হয়।
ক্যালেন্ডারের পাতা ওল্টায়,
নদীর স্রোতের ন্যায় সময়ও এগিয়ে যায় --
ধুলোর আস্তরনে ছেয়ে যায় স্মৃতির পাতাগুলো
তবে হৃদয়ের অন্তরালে অচল রূপে থেকে যায়।
জানুয়ারির সুন্দর মুহূর্তগুলো
বিষাদ হয়ে ধরা দেয় ডিসেম্বরে কখনও,

মাঝে ঘটে যাওয়া মুহূর্তের ঘটনাগুলোই
স্মৃতি হয়ে সেজে ওঠে এখনও।
তুমি বল কি না ভুলে যেতে সেগুলো?
স্মৃতি তো শুধু বিষাদের নয়, নয় শুধু সুখের !
সুখ মেশানো অনুভূতি, দুখ মেশানো হাহাকার
এই নিয়েই তো গড়ে ওঠে স্মৃতির বিশাল পাহাড়।।

4

মানুষের মৃত্যু

মানুষের মৃত্যু

অঙ্কিতা দাশ (শ্রেষ্ঠা " স্বপ্নসৃষ্টি")

বিখ্যাত অভিনেতা রণজয় সেন হাই স্পিডে গাড়ি চালিয়ে বাড়ি ফিরছেন। বিকেল থেকেই আকাশটা মন খারাপের কালো চাদরে মুড়ে আছে। যখন তখন অশ্রুবর্ষণ করতে পারে । রণজয়ের আজ জন্মদিন। বাড়িতে ওর সদ্য-বিবাহিতা সুন্দরী মডেল স্ত্রী অনেক বড়ো করে পার্টি অ্যারেঞ্জ করেছে।।

জন্মদিন বলে আজ বন্ধুদের সাথে একটু বেশিই খেয়ে ফেলেছে , আবার বাড়ি গিয়েও খাবে ।

আপাতত অতিরিক্ত পরিমাণে খেয়ে ফেলায় সে এখন স্বর্গে বিচরণ করছে ।

★

শিবুর কপালটাই খারাপ । যেমনিই ও মালিকের বাড়ি থেকে ভ্যানটা নিয়ে বেরোলো, অমনি আকাশ থেকে সব জল একেবারে তেড়েঝেঁপে নেমে এলো। আজ ওর বৌয়ের জন্মদিন । কিছু তো সেরকম দিতে পারে না , তাই আজ মালিকের বাড়ির বেলি ফুলের গাছ থেকে বেলি ফুল তুলে মালা গেঁথে নিয়ে যাচ্ছে ওর প্রিয়তমার জন্য।

রাস্তাটাও জলে ভেসে যাচ্ছে এত্ত জোরসে বৃষ্টি হচ্ছে। মনে মনে ঠাকুরের নাম নিয়ে এগোতে থাকে শিবু । যদি ঠাকুর একটু চোখ তুলে তাকায় ! হঠাৎ একটা সজোরে ধাক্কা শিবুর ভ্যানের পিছনে । ভ্যান থেকে মশার মতো উড়ে

গিয়ে ও পড়লো জলে টইটম্বুর রাস্তার ধারে। মাথাটা ল্যাম্প পোস্টে ধাক্কা খেয়ে থেতলে গেল। রক্তে ভেসে যাচ্ছে রাস্তার কাদা জল।

কিছু সময়ের মধ্যেই যেই গাড়িটা শিবুর ভ্যানকে ধাক্কা মেরেছে সেটার কাছে লোকজন জড়ো হয়ে গেল। গাড়িটা উল্টে পড়ে আছে । ড্রাইভারের সিটে বিখ্যাত অভিনেতা রণজয় । আসলে একসাথে অত খানি মদ গিলে বেসামাল ভাবে গাড়ি চালাতে চালাতে ধাক্কাটা মেরে, নিজেও উল্টে গেছে ।

★

পুলিশ , মিডিয়া , সবাই ঘিরে আছে অভিনেতার মৃতদেহটাকে । অনেক ছবি উঠছে। এরই মধ্যে একটা গাড়ি থেকে একজন সুন্দরী মহিলা কাঁদতে কাঁদতে নেমে এলো। এসেই অভিনেতার বুকের উপর আছড়ে পড়ে কাঁদতে লাগলো । হ্যাঁ !ইনিই সেই সুন্দরী মডেল স্ত্রী ।

এত কিছুর মধ্যে একজন পুলিশের চোখে পড়লো শিবুর নিথর দেহটা । লোকজনের ভিড় থেকে একজনকে ডেকে বললো লাশটা বেওয়ারিশ বলে কোনো পগারে চালান করে দিতে । একে অভিনেতার বডিটা নিয়ে যেতে দেরী হয়ে যাচ্ছে ! তার উপর এসব উটকো ঝামেলা!

শিবুর লাশটা নিয়ে চলে গেল লোকটা। রাস্তায় পড়ে রইলো রক্তে রাঙা বেলি ফুলের মালাটা । ওদিকে শিবুর স্ত্রী বসে আছে তার পথ চেয়ে । জানতেও পারলো না যে আর কোনো দিন দেখা হবে না ।

আসলে শিবু তো গরীব ! তাই ওকে মানুষের পর্যায়ে ফেলা হলো না। যদি ও মানুষ হতো তবে নিশ্চই ওর মৃত্যুকে কুকুর , ছাগলের মৃত্যুর মতো দেখা হতো না।। আর এটাই আমাদের সমাজ ।।

সমাপ্ত

5

আবির ছড়ানো পরাহ্ন

আবির ছড়ানো পরাহ্ন

তুলিকা সাঁতরা

সাহা বাড়িতে আজ প্রচুর মানুষের সমাগম। ছোট বাচ্চা থেকে শুরু করে প্রাপ্তবয়স্ক নারী-পুরুষ সবার কোলাহলে মুখরিত হয়ে আছে। আজ সরস্বতী পূজা। আর এই সাহা বাড়িতে আজ থেকে প্রায় পনেরো বছর ধরে এই পুজো হয়ে আসছে। বাড়ির কর্তা অভিজিৎ সাহা পেশায় শিক্ষক;তাই সেই শিক্ষকতার হাত ধরেই বাড়িতে সরস্বতী পুজো শুরু হয়। এখন তিনি রিটায়ার করলেও বাড়িতে কিছু স্টুডেন্ট পড়ান। সেই স্টুডেন্টদেরই ভিড় আছে। তার সাথে আশেপাশে বাড়ির কিছু মানুষজন তো আছেই। এছাড়াও এই সময় বাড়িতে বেশ আত্মীয়-স্বজন আসে। ওনার বোনেরা,তাদের ছেলেরা। বলতে গেলে এই সরস্বতী পুজোকে কেন্দ্র করে একটা আনন্দ মুখর পরিবেশ সৃষ্টি হয় সাহা বাড়িতে। এই ক'দিনে আনন্দটা একটু বেশি বেড়ে গেছে। ওনার ছেলে বিতানের সামনে বিয়ে। পাত্রী অবশ্য বিতানেই ঠিক করেছে। ইঞ্জিনিয়ারিং কলেজের একসাথে পড়তো। তারপর প্রায় ছয় বছরের প্রেম...আর এখন সেটা বিয়ের পিঁড়িতে উঠতে বসেছে। দুটো বাড়ি থেকেই সমস্ত কিছু মেনে নিয়েছে, কথাবার্তাও প্রায় হয়ে আছে। ইচ্ছা তো আছে এই সামনের ফাল্গুনেই দুই জোড়া হাত এক করে দেওয়ার। ঠাকুরঘর থেকে শোনা গেল অভিজিৎ বাবুর স্ত্রী অর্থাৎ মনামী দেবীর গলা...

"শুনতে পাচ্ছিস না নাকি!! ওদিকে সলতেগুলো রেখেছি। একবার দিয়ে যা না রে, এই বন্যা...কোথায় গেলি? ধুর বাবা! এই কোমরের ব্যথা নিয়ে

কি আমাকে আবার উঠতে হবে!" সামনে দাঁড়িয়ে থাকা কিছু ছেলে মেয়েকে দেখেই মনামী দেবী বলে উঠলেন,"এই যা না রে, একবার বন্যা কে ডেকে দে।"

বন্যা বলতে অভিজিৎ বাবুর মেয়ে। এই উচ্চমাধ্যমিক পাশ করে কলেজে ভর্তি হয়েছে। তখন থেকে মেয়েকেই ডেকে চলেছেন মনামী দেবী। কিন্তু তার কোন পাত্তা নেই! এত লোকজনের মাঝে তাকে তো ঠিক দেখতেও পাওয়া যাচ্ছে না। কাজ করতে করতে গজগজ করে বলে উঠলেন,"যত হয়েছে আমার জ্বালা!বয়স বাড়ছে,সবকিছু কি আর মনে রাখা যায়!! কালকে পই পই করে বললাম যে দেখ আমি তোকে দেখিয়ে এখানে এই সমস্ত জিনিসপত্র রাখছি। কিন্তু,সে মেয়েরই তো কোন পাত্তা নেই। এই বন্যা -----" কথাটা বলেই পেছনে ঘুরেছেন মনামী দেবী,ঠিক তখনই তার চোখের সামনে সলতের বাটিটা এনে একটা মিষ্টি গলা বলে উঠলো," মামনি এটা খুঁজছিলে?" মনামী দেবী চেয়ে তাকালো সামনের দিকে। আর সেই মেয়েটিকে দেখা মাত্র তার ঠোঁটে হাসি এসে গেল। তারই হবু পুত্রবধূ উষ্ণা। দুবছর ধরেই যাতায়াত চলছে তার এই বাড়িতে। এক কথায় নিজের মেয়ের থেকে কম কিছুই ভাবেন না মনামী দেবী। তাকে দেখা মাত্রই বলে উঠলো,"দেখ না,বন্যাকে কখন থেকে ডাকছি;কিন্তু তার কোনো পাত্তা নেই। আর তুই এত আসতে দেরী করলি কেন? আমি বিতানকে কখন থেকে বলছি যে একবার দেখ না মেয়েটা কোথায় গেল!! সেও বলে যাচ্ছে আসছে আসছে ।"

উষ্ণা :: কি করবো বলো? রাস্তায় এত জ্যাম! আমি ঠিক টাইমে বেরিয়েছিলাম,কিন্তু হঠাৎ করে আর কি বলবো!! ছাড়ো এসমস্ত কথা। বলো তুমি,এখানে কোন কাজ বাকি আছে ?আমি কি তোমাকে হেল্প করবো?

মনামী দেবী ::না না। আমাকে হেল্প করার দরকার নেই। আমি তোকে যে কারণে ডাকছিলাম সেটা হল বিতানের পিসিরা এসেছেন। ওরা তো এর আগে তোকে দেখেনি;তাই আজকে একটু পরিচয় করে দেবো।

চশমাটা ভালো করে পড়তে পড়তে উষ্ণা বলে উঠলো," হ্যাঁ বিতান বলছিল। কিন্তু... মানে আজকেই করবে? তারপর যদি অন্য কিছু ভাবে! বিতান আমাকে সেজন্যই বলছিল আজকে আসতে হবেনা।"

মনামী দেবী ::ছাড়তো ওর কথা। সবেতে বাড়াবাড়ি। পরিচয় করিয়ে দেবো তাতে অসুবিধাটা কি আছে? আর এখনকার যুগে না কেউ অতটাও পিছিয়ে নেই,সবাই সবকিছু জানে। তো আর লুকিয়ে কি হবে!আর তাছাড়াও দুমাস পর তোদের বিয়ে হতে চলেছে। ও আর কি বোঝে !

ঠিক তখনই পেছন থেকে পায়ের নুপুরের শব্দের সাথে আরও একটা গলা শুনতে পাওয়া গেল,"মা আমাকে ডাকছিলে?"

মনামী দেবী:: এতক্ষণ পর আপনার আসার সময় হল? কখন থেকে ডাকছি আমি!

বন্যা:: আরে! পিসিরা ওদিকে আটকে রেখেছিল ।কখন থেকে বলছি আমি যাবো যাবো;কিন্তু তারা ছাড়ছেই না। সেই একই কথা;কত বড় হয়ে গেছে!! এবার তোর জন্য পাত্র দেখতে হবে!! পারলে এক্ষুনি আমার বিয়ে দিয়ে দেয়! বিরক্তিকর !

মনামী দেবী :: আহ্! বন্যা!এমন কথা বলতে নেই। গুরুজন হয়!

বন্যা ::তুমি চুপ করো তো! সবসময় কি আমার শুনতে ভালো লাগে? মানে আমার জীবন;ওরা কি সবকিছু ঠিক করে দেবে ?

মনামী দেবী:: ঠিক তো করে দিচ্ছে না...বলছে শুধু। সেকেলে মানুষ,যদি একটু বলে তাতে কি হয়েছে!

বন্যা:: আমি সহ্য করতে পারবো না। তুমি এসব কথা বাদ দিয়ে বলো তো,আর কিছু কাজ আছে ?আমায় করতে হবে ?

মনামী দেবী :: না আপাতত তোর কোনো কাজ নেই।তুই বরং তোর বৌমনি কে নিয়ে ঘরে গিয়ে বস,আমি কিছুক্ষণের মধ্যেই আসছি।তোর পিসিদের সঙ্গে আলাপ করাতে হবে।

বন্যা:: সাবধান বৌমনি!! আগে থেকে সতর্ক বার্তা দিয়ে দিলাম! আবার তোমাকে কি না কি কথা শোনায় কে জানে!!

মনামী দেবী:: আবার পাকা পাকা কথা!! ওকে কি শোনাবে!না রে উষ্কা...তুই একদম ভয় পাসনা,খুব ভালো ওরা।মানে একটু সেকেলে বটে!তবে ভালো।

উষ্কা :: ঠিক আছে মামনি। তুমি ওদিকের কাজ মিটিয়ে আসো।আমি ওখানে আছি।

বন্যা তখনোও উষ্কাকে বলে চলেছে তার পিসিদের সম্পর্কে ।শুধু পিসি নয়, ঠাকুমাও একটু সেকেলে বটে। এখানে এসে সেটা উষ্কা খুব ভালোমতোই বুঝতে পেরেছে। ওকে বেশ অদ্ভুত রকম ভাবে দেখে ।তাতে পরিষ্কার ওকে ঠিক পছন্দ করে না।বন্যার কথা বলার মাঝে হঠাৎ ওদের সামনে এসে দাঁড়াল বছর আঠাশের একটি ছেলে।

বন্যা:: তোর এই বাঁদরের মতো এন্ট্রি না নিলে কি ভাত হজম হয়না ?

সামনে দাঁড়িয়ে থাকা ছেলেটা চোখ ছোট ছোট করে বললো," এই বেশি বকিস নাতো!আমাকে বাঁদর না বলে কি তোর ভাত হজম হয় না?"

বন্যা :: কি করবো বল দাদা! হয়না তো,সেই জন্যই তো আমাকে বলতে হয়।

ছেলেটি আরো কিছু কথা বলতে যাচ্ছিল তার আগে উষ্ণা বলে উঠলো," আচ্ছা আচ্ছা...ঠিক আছে ঠিক আছে। বন্যা তুমি বরং যাও, আমি বিতানের সঙ্গে আসছি।"

বন্যা:: হ্যাঁ হ্যাঁ সেটাই...আমারও কাবাব মে হাড্ডি হওয়ার কোন প্রকার ইচ্ছা নেই !

বিতান ::তুই বড্ড পাকা পাকা কথা বলছিস কিন্তু!ওই যে ভেতরে বলছিল না পিসিরা...মনে হচ্ছে আমি গিয়ে বলে আসি,ঠিকই বলছো!! এবার একটা পাত্র দেখতে হবে।

বন্যা ::একদম নয়!তুই আমার ব্যাপারে একদম ঢুকবি না!

বিতান ::তাহলে তুই কেন আমার ব্যাপারে ঢুকছিস?

উষ্ণা :: ওরে বাবারে!আবার শুরু করেছ তোমরা? এই বন্যা তুমি যাও তো!আর বিতান তুমি চুপ করবে ?

বিতান:: আরে আমি .....

উষ্ণা ওকে চোখের ইশারায় চুপ করতে বললো,যার ফলে বিতান আর কোনো কথা না বলে অন্যদিকে মুখ ঘুরিয়ে নিল।অপরদিকে,বন্যাও তার বৌমনিকে চোখ মেরে সেখান থেকে বাইরে বেরিয়ে গেল।

উষ্ণা:: আচ্ছা ও তো তোমার বোন হয় বলো!তোমার থেকে ছোট।তুমি কেন সবসময় এরকম করে বলো!

বিতান:: আচ্ছা, তোমার ওর দুঃখ চোখে পড়ছে! আর আমাকে দেখতে পাচ্ছ না? আমি কি ইনভিজিবেল হয়ে গেছি নাকি !!

উষ্ণা:: আরে! তুমি তো বড়।

বিতান:: বড় বলে কি সব সহ্য করতে হবে! হবে না। আমার ডিকশনারিতে সবাই সমান।

উষ্ণা::ওই ডিকশনারি ফেলে দাও!ওটা কোনো কাজে লাগবে না!

বিতান :: আরে,ছাড়ো এই সমস্ত কথাবার্তা।

বলে একবার আপাদমস্তক উষ্ণাকে পর্যবেক্ষণ করে বললো," আজকে তো পুরো অপ্সরা লাগছে!"

উষ্ণা:: ধ্যাত!! খালি ইয়ার্কি না তোমার!!

বিতান:: আরে ইয়ার্কি কোথায়? আজকালকার যুগে সত্যি কথা বলার কোনো দাম নেই! হে ভগবান! এ কি যুগ এসে দাঁড়ালো!

কথা বলার সাথে সাথে বিতানের ওভার অ্যাকটিং দেখে উষ্ণা আর নিজের হাসিটাকে আটকে রাখতে পারছেনা। অতি কষ্টে হাসি আটকে বললো," তোমার হয়ে গেছে ?"

বিতান ::কোথায় আর হলো? তুমি তো শুরু করতেই দিচ্ছ না।

আর মুহূর্তের মধ্যেই উষ্ণা কে একেবারে দেওয়ালে ঠেলে ওর সামনে এসে দাঁড়াল বিতান!আচমকা যে এরকম বিতান করবে, সেটা উষ্ণা ভাবেনি,আর তার উপর এতটাই কাছে এসে দাঁড়িয়েছে যে বিতানের উষ্ণ নিঃশ্বাস ওর মুখে পড়ছে!সেই ভালোবাসার চোখ থেকে চোখ সরাতেও ইচ্ছা করছে না! কিন্তু তবু যে পরিবেশ অনুকূল নয়!নিচু স্বরে বললো,"বিতান কি করছো? এখানে কেউ এসে যাবে!"

বিতান:: তো ?এতে কিন্তু আমার কোন দোষ নেই। সম্পূর্ণ তোমার দোষ!

উষ্ণা:: আমি? আমি কি করলাম ?

বিতান ::এইযে আমার সামনে এভাবে সেজে এসেছো!! শাড়ি পড়ে, চুলটা খোলা রেখে, আবার চোখে কাজল পড়েছ!তুমি জানোনা ,আমার জন্য এটা কতটা কষ্টকর!

উষ্ণা:: এই সত্যি বলছি; এবার কেউ এসে যাবে!সরে দাঁড়াও!

দুজনেরই নিঃশ্বাসের তীব্রতা বাড়তে শুরু করেছে...শারীরিক বা মানসিক কোন ভাবেই উষ্ণা বিতানকে সরাতে পারবেনা,সেটা ও খুব ভালো মতই জানে। এক মুহূর্তের জন্যও ওর চোখ থেকে চোখ সরায়নি ও বরং ওদের মধ্যে দূরত্ব আরো কমতে শুরু করেছে। ঠিক সেই মুহূর্তেই পাশ থেকে শোনা গেল ,"আমি কিছু দেখিনি!!আমি কিছু দেখিনি!" গলার স্বর শুনে দুজনেই বুঝতে পারলো কে এসে উপস্থিত হয়েছে। বিতান উষ্ণার চোখ থেকে চোখ না সরিয়ে বলে উঠলো," এসে গেছে ঘরের শত্রু বিভীষণ!" অপর পাশ থেকে চিৎকার করা গলায় শোনা গেল," এই আমাকে একদম বিভীষণ বলবি না। তোদের নিজেদের কোনো সেন্স নেই নাকি!! এখানে দাঁড়িয়ে কে করে ?আর আমি ইচ্ছা করে মোটেও আসেনি। আমাকে মা বললো বৌমনিকে পিসিদের ঘরে নিয়ে যেতে,আমি সেটা শুধুমাত্র বলতে এসেছি। আমি কিছু করিনি কিন্তু বৌমনি। তুমি চলে যেও ঘরে,আমি চললাম!" আর কারোর কোনো কথা না শুনেই বন্যা সেখান থেকে ছুটে বেরিয়ে গেল।

উষ্কা :: দেখলে তো আমি কখন থেকে বলছি!নাও এবার ছাড়ো! মামনি ডাকছে।

বিতান ::আরে দাঁড়াও না!ও তো এই সবে বলে গেল,একটু পরে না হয় যাবে...

উষ্কা:: না একদম নয়।আমাকে মা বলেছে পিসিদের সঙ্গে দেখা করাবে। ওখানে যেতে হবে। তুমি ছাড়ো আমাকে।

বিতান ::আমি তো বলেছিলাম, পিসির সঙ্গে দেখা করতে হবে না। তুমি চেনো না মানুষগুলোকে!আমার ভালো লাগেনা!বুঝছো না!

উষ্কা ::ঠিক আছে। আমি বুঝতে পেরেছি,কিন্তু, একটা সময় তো পরিচয় করতেই হবে!

বিতান ::তখন করবে।এখন গেলে কোথায় কি বলে দেবে। দূর বাবা!কেন আবার উটকো ঝামেলা আনছো বলোতো?

উষ্কা ::তুমি একটু বেশি চিন্তা করছো!আমাকে ছাড়ো,যেতে হবে!

না চাইলেও উষ্কা প্রায় জোর করেই ওকে ছাড়িয়ে ছুটে বেরিয়ে গেল,বারান্দা থেকে বেরিয়ে আসতেই বন্যার দেখা পাওয়া গেল। তাকে জিজ্ঞাসা করেই জানা গেল দোতলার কোনের ঘরে পিসি ও ঠাকুমা আছে। একটা দীর্ঘ নিঃশ্বাস নিয়ে নিজেকে প্রিপেয়ার করলো উষ্কা। তারপর ধীরে ধীরে চুল ঠিক করে এগিয়ে গেল সেই রুমের দিকে। ভেতর থেকে মামনির গলা শুনতে পাওয়া যাচ্ছে। কিছুটা ভয় ও উত্তেজনা নিয়ে দরজায় টোকা দিতেই যাবে, তার আগেই এলো ভেতর থেকে কিছু আবছা কথা। যা মুহূর্তের মধ্যে ওর হাতকে সেখানেই থামিয়ে দিল!

" আমাদের থেকে কেন আর পরামর্শ নেবে!সব তো নিজেরাই করে নেয়!এখনকার যুগের ছেলে মেয়ে বলে কথা!!তারা আবার করবেনা !!"

মনামী দেবী ::অসুবিধা তো নেই দিদি। এখন তো যুগ পাল্টাচ্ছে।আর আমি ওকে দেখেছি,তোমাদেরও খুব পছন্দ হবে। মেয়েটা সত্যিই খুব ভালো!

"আর বলো না তো বৌমা!পছন্দ হবে!! আমাদের বিতান কে কি খারাপ দেখতে নাকি!! কত ভালো চাকরি করে।তার ওপর রাজপুত্রের মতো দেখতে!আর তার জন্য কি না এমন মেয়ে!! জানিস চারু আমি কতবার ধরে বৌমাকে বলেছিলাম,নিজের ছেলেকে একটু বোঝাতে,আর তাছাড়াও আমার ছেলেও হয়েছে এক;সে তো কোনো কথাটি বলেনা!"

মনামী দেবী ::মেয়েটার মধ্যে খারাপ কি আছে মা ?কত ভালো!শিক্ষিত!আর সবচেয়ে বড় কথা, বিতান আর ও খুব ভালো

থাকবে!আমি তো দেখেছি ওদেরকে একসাথে...

" তুমি চুপ করো বৌমা! ওরকম একসাথে ভালো থাকবে!! দুদিনে থাকবে চারদিনে ওসব ভালোবাসা উড়ে যাবে!!"

মনামী দেবী:: এমন মেয়ে নয় উষ্ণা। আপনি তো এতদিনে সেটা বুঝতে পেরেছেন!

"সে নয় বুঝলাম। কিন্তু,তবুও মানানসই বলে তো একটা ব্যাপার আছে। তুমি কি দেখেছো ওর মধ্যে আমার জানা নেই ।আমার বিতানের মধ্যে কি কমতি আছে বলো তো ? একটাও খুঁত নেই।তার জন্য কি না এমন মোটা তার ওপর আবার চশমা পরা মেয়ে!! ও কি করে সংসারটা কে সামলাবে শুনি? নিজেই তো চোখে দেখতে পায় না। জানিস চারু ,সে নাকি আবার চশমা ছাড়া দেখতেই পায় না।"

" কি বলো গো মা!তার মানে তো চোখ পুরোপুরি খারাপ! সারাজীবন তো তাহলে ওকেই সামলাতে হবে!ও কি করে সামলাবে ?"

"সেটাইতো আমি বলছি।বৌমা দেখো,এখনো সময় আছে।এরকম তাড়াহুড়ো করে সব ডিসিশন নিও না। ওরকম চোখে দেখতে পায় না! যদি ভবিষ্যতে কিছু হয়? সব তো আমাদের বিতানকে একাই সামলাতে হবে ।এরকম মেয়েকে কেন ঘরে আনছো? তাও যদি একটু রোগা হতো। মেয়েটাকে আমার বিতানের জন্য মানানসই বলে মনেই হয় না ।তোমরা যে কিভাবে দেখছো!"

মনামী দেবী:: ওরা একে-অপরের সাথে ভালো থাকবে। আর চশমা এখনকার যুগে তো প্রায় সকলেরই আছে। হয়তো একটু বেশি পাওয়ার। তাতে সমস্যাটা কি হয়েছে?

"সেই!! তুমি এই সমস্যা বুঝবে না। এখনকার যুগে তো ওরকম করে মেয়ে দেখা হয়না ।যদি দেখতে যেতাম তাহলে এই মেয়ে সবার আগে বারণ করতাম!কি আর বলবো!তোমাদের ব্যাপার, আমি বলতে গেলেই তো আমি খারাপ হয়ে যাবো!হতে পারি একটু সেকেলে মানুষ! কিন্তু এই যুক্তিগুলো মানতে হয়।দেখো ভবিষ্যতে কি সমস্যা হয়!! সে মেয়ে এই সংসারের হাল ধরে নাকি এই সংসার টা তাকে সামলায়!!আমি আর কি বলবো!! নিজে তো ঠিক করেই নিয়েছ ওর সঙ্গেই বিয়ে দেবে,তাহলে এনে আলাপ করাও।তুই দেখিস চারু,তখন বলিস যে মা ভুল কথা বলছে!"

" না না মা। তুমি কেন ভুল বলবে!তুমি তো এত অভিজ্ঞ মানুষ!তোমার চোখ কি ভুল দেখবে নাকি ?সত্যি বাবা আমাদের বিতান এরকম মেয়েকে

কিকরে পছন্দ করলো! এখন বুঝতে পারছে না, গায়ের রক্ত গরম আছে না !! পরে যখন ওরকম অন্ধ বউয়ের হাত ধরে চলতে হবে,তখন বুঝতে পারবে!থাক বৌদি। আমার আর দেখে কাজ নেই।তোমার বউকে তুমি বরং দেখো গিয়ে!"

এতটুকু কথা শোনার পর উষ্ণার বিন্দুমাত্র সেখানে দাঁড়িয়ে থাকার ইচ্ছা ছিল না। এতক্ষণ ধরে মনের মধ্যে যে ভয় কাজ করছিল। সেগুলোর পরিবর্তে কিছু অগোছালো চিন্তা মাথায় এসে গেল!কি ঠিক কি ভুল কি করছে সমস্ত কিছু গুলিয়ে গেল ওর।এইসব কথার মাঝে ওর নিজের প্রতি ভালবাসাটা ক্রমশ তিক্ত হতে শুরু হলো। সেখান থেকে বেরিয়েই যেতো কিন্তু হঠাৎ করে মনামী দেবী বাইরে বেরিয়ে এল। তাকে দেখা মাত্রই মনের মধ্যে থাকা বৃষ্টিটাকে আটকানোর জন্য উষ্ণা হেসে বলে উঠলো," আমাকে ডাকছিলে মামনি! দেখা করাবে বলে? আসলে ওখানে বিতানের জন্য...."

মনামী দেবী:: ঠিক আছে ঠিক আছে!আজকে আর দেখা করতে হবেনা!এমনিতে বিতান যখন চায়না।আজ থাক।তুই বরং নীচে আয়। আমার কাজে একটু হেল্প করে দে...

উষ্ণা ::হ্যা চলো মামনি...

অতি কষ্টে নিজের হাসিটা টেনে রেখেছে উষ্ণা!চোখের কোনটা জ্বালা জ্বালা করছে!কিন্তু অভিনয়টা যে চালিয়ে যেতেই হবে!!

মনামী দেবীর সঙ্গে কাজে সাহায্য করে সময়টা পেরিয়ে গেল।তবে মন থেকে ওই কথাগুলো কোনভাবেই মুছে যায়নি,বরং বারবার কানের মধ্যে ভেসে উঠছে সেই কথাগুলো!আরও বেশি করে কষ্ট দিচ্ছে ওকে! এদিকে পুষ্পাঞ্জলীও হয়ে গেছে। খাবারের বন্দোবস্ত চলছে,তা প্রায় শেষেরই দিকে। উষ্ণা এসে দাঁড়ালো বাড়ির পেছনের বারান্দায় ।মনটা বড্ড ভারী হয়ে গেছে!!একটু একা থাকলে যদি বৃষ্টি নামে। এখন যে কী করবে সেটা ওর মাথাতেই আসছে না!!নিজের ওপর সব দোষ নিতে ইচ্ছা করছে!তিল তিল করে যে কনফিডেন্ট নিজের মধ্যে গড়ে তুলেছিল সেটা এক ধাক্কায় ভেঙে গেছে !কিছুক্ষণ দাঁড়িয়ে থাকতে-থাকতে অজান্তেই চোখ থেকে জল নামলো!!দুপুরের রোদের মাঝে এই নোনতা জল ভিজিয়ে চলেছে ওকে!!পেছন থেকে কাঁধে কারো স্পর্শ পেলে উষ্ণা মুহূর্তের মধ্যেই বেশ শক্ত হয়ে দাঁড়ালো...মুখ লুকিয়ে চোখের জলটা আড়াল করে ঘুরে দাঁড়াতেই বিতানকে দেখতে পেল। আবার সেই অভিনয়টা করার জন্যে বলে উঠলো," হ্যাঁ বলো, মামনি ডাকছে আমাকে?" কিন্তু হয়তো ভুলেই গেছে এই মানুষটার সামনে

ওর কোন অভিনয় কাজ হবে না ।

বিতান:: কাঁদছিলে কেন এখানে ?

উষ্ণা :: কাঁদবো ?না না!চোখে কিছু একটা....

বিতান ::কেন এই সমস্ত মিথ্যে বলছো!!জানো তো আমি ঠিক ধরে ফেলবো। কি হয়েছে?কেউ কিছু বলেছে তোমাকে ?

উষ্ণা ::আমাকে কি বলতে যাবে ?কিছু নয়। তুমি বলো। হঠাৎ এখানে? মানে কেউ কি আমাকে....

বিতান :: ঠাকুমা ও পিসির কথা তুমি শুনেছো। যদিও আমি ঠিক জানিনা কি কি কথা বলেছে!! আমাকে একটু বলবে ঠিক কী বলেছে ?

উষ্ণা ::আমি তোমার পিসির কথা কি করে শুনতে পারবো?আমার সঙ্গে দেখা হয়নি। মামনি তো বললো...

বিতান ::বাইরে থেকে শুনেছ!আমাকে মিথ্যা বলো না!তুমি খুব ভালো করে জানো,আমার রাগ কিন্তু ভয়ঙ্কর! আর আমি তোমার সাথে কথা বলছি মানে সমস্ত জেনেই কথা বলছি!তবু আমি তোমার মুখ থেকে শুনতে চাই। কোন কোন কথায় তোমার খারাপ লেগেছে!

উষ্ণা এদিক ওদিক তাকিয়ে যতটা সম্ভব প্রশ্নটাকে এড়িয়ে যাওয়ার চেষ্টা করছে। কিন্তু ও নিজেও জানে যে বিতান ওর কথা শুনেই ছাড়বে!শেষমেষ একটা দীর্ঘ নিঃশ্বাস নিয়ে বললো," ভুল তো কিছু বলেনি তোমার ঠাকুমা!"

বিতান :: কি বলেছে আমি সেটা শুনতে চেয়েছি...ভুল কি ঠিক সেটা পরে বিচার হবে...

উষ্ণা :: তোমার মধ্যে কোন খুঁত নেই বিতান। কিন্তু আমার মধ্যে আছে! এই যে চশমাটা!সত্যি কথা বলতে গেলে আমার চোখ খারাপ!আমি চশমা ছাড়া দেখতে পাই না। আর আমার সাথে থাকা মানে শুধু শুধু নিজের ঘাড়ে একটা দায়িত্ব চাপিয়ে নেওয়া। তার ওপর তোমাকে তো ভীষণ সুন্দর দেখতে। সেই তুলনায় আমি এত মোটা। ঠিক মানায় না আমাদের দুজনকে।

বিতান:: আচ্ছা। তো তোমার কাছে এখন পিসি বা ঠাকুমার কথাগুলো বেশি বড় হয়ে গেল!! তুলনায় আমি যা বলেছি বা আমার মা-বাবা যেটা বলেছে সেগুলো কিছু ম্যাটার করছেনা?

উষ্ণা :: না এরকম নয়।

বিতান ::তোমার কথা থেকে তো পরিষ্কার বোঝা যাচ্ছে এটাই। আর তুমি এটা কোন ধরনের কথাবার্তা বলছো? তোমার চোখের সমস্যা, তাতে কি হয়েছে ?আমার মধ্যে খুঁত নেই? আমি রেগে গেলে যে কি করতে পারি সেটা

তো তুমি জানো ।তারপরে দ্বিতীয় কথা মোটা রোগা!! এগুলো কি? মানে তুমি তো শিক্ষিত!!তোমার কাছ থেকে এগুলো আমি আশা করছি না!তবুও তুমি এইসব নিয়ে ভাবছো! আর তার চেয়েও বড় কথা তোমার কাছে আমার পিসির কথাটা এত মূল্যবান হয়ে গেল যে আমাকে এরকম কথা বলছো? তো কি চাও ?এখন আমি অন্য মেয়ে দেখবো!যে একদম পারফেক্ট হবে। পারফেক্ট ফিগার হবে!কোন প্রকার অসুবিধা থাকবে না। আমি না ভাবতে পারছিনা তুমি এরকম বলছো !!

উষ্ণা :: না মানে......

আর নিজের মধ্যে কান্নাটা আটকে রাখতে পারছে না উষ্ণা। কান্না ভেজা গলায় বলে উঠলো,"তো আমি কি করবো বলো ?ওরা তো ঠিকই বলেছে না!তোমাকে তো সারাজীবন আমাকে বইতে হবে।কোথায় এসে আমি তোমার দায়িত্ব নেবো ।সেখানে আমি তো তোমার যোগ্যই নয়!"

বিতান :: যোগ্যতা কে ঠিক করে?পারফেক্ট কে হয় বলো তো? সবার মধ্যে কোন না কোন ভুল তো থাকেই।আর এই যে ঠিক ভুল বললে, ওনাদের যে কি ধরনের মানসিকতা সেটা ওনাদের কথার দ্বারাই প্রকাশ হচ্ছে! কিন্তু তোমার তো সেরকম মানসিকতা নয়। তাহলে তুমি ওনাদের কথাকে কেন ঠিক বলছো ?তার মানে এটা প্রমাণ হচ্ছে তোমার সামনে যদি তোমার মতন কোন মেয়ে এসে দাঁড়ায় তাহলে তাকে তুমি বারবার তার খুঁত গুলো চোখে আঙুল দিয়ে দেখিয়ে দেবে !!

উষ্ণা:: না এরকম নয়...

বিতান ::তোমার কথা থেকেই তো এটাই মনে হচ্ছে তাকে বলবে যে তুমি অযোগ্য। তোমার মধ্যে এই ভুলগুলো আছে ।

উষ্ণা :: না ।আমি কেন বলতে যাবো ?এরকম করে বলা ঠিক নয় ।

বিতান এতক্ষণ ধরে বেশ গম্ভীর গলায় কথা বলছিল। এবার ওর দুই হাত ধরে নিজের কাছে টেনে এনে শান্ত গলায় বললো,"তাহলে নিজেকে কেন বলছো ?আমি এই জন্যই তোমাকে ওদের সঙ্গে দেখা করাতে চাইনি। কারণ ওদের মানসিকতায়ই খুব নিচু ।আর তোমার সাথে তো আমি থাকবো,আমার কোন অসুবিধা নেই।শোনো আমি তোমাকে ভালবাসি!তুমি যেমন তেমনই ভালবাসি। ওদের কথায় ভুল বুঝে তুমি আমার ভালোবাসাকে ছোট করছো!! আমার তোমার চোখে জল দেখতে ভালো লাগে না। বোঝো না তুমি! তুমি কেন এরকম বলছো?আমি তোমাকে ভালোবাসি তুমি তো সেটা জানো ।তারপরও এরকম বলছো!"

উষ্ণা :: আমিও তোমাকে ভীষণ ভালোবাসি!!

বিতান ::তাহলে ওই সমস্ত কথা কেন ভাবছো!!কিছু মানুষের মানসিকতা কোনদিনও পরিবর্তন করা যায় না।তাদেরকে এড়িয়ে চলা উচিত। ওদের কথায় আমাদের সম্পর্কটা ভুল বুঝো না!

পেছন থেকে শুনতে পাওয়া গেল মনামী দেবীর গলা। এগিয়ে এসে ওর মাথায় হাত বুলিয়ে বললো,"সবার কথা সবসময় মনে নিতে নেই রে।মনে তাদেরকে স্থান দিতে হয় যারা তোকে ভালোবাসে।যারা তোর কাছের মানুষ!যারা তোর জন্য চিন্তা করে। যদি তুই বাকিদের স্থান দিতে চাস তাহলে দেখবি যাদের তুই ভালোবাসিস তারা দূরে চলে যাচ্ছে !! আমি জানতাম তুই বাইরে থেকে সব শুনতে পেয়েছিস!কিন্তু সেই মুহূর্তে আমার বলার কিছু ছিল না। আমি ভেবেছিলাম তুই হয়তো এগুলো মনে রাখবি না।কিন্তু তোর এই হঠাৎ চলে আসা!সব বুঝতে পারি আমি!"

উষ্ণার কান্নাটা এতক্ষণে থেমেছে।মনটা একটু হালকা লাগছে।এতক্ষণ ধরে অগোছালো সব চিন্তাগুলো আবার সুন্দর করে সেজে উঠছে। মনামী দেবী নিজের দিকে ঘোরালো উষ্ণাকে। তারপর আবার বললো," সবার কাছে ভালো হওয়া যায় নারে। তার থেকে যারা তোকে ভালোবাসে তাদের সঙ্গেই থাক। তাদের ভালোবাসায় কি কমতি আছে নাকি ?" উষ্ণা চেয়ে তাকালো মনামী দেবীর দিকে।দুদিকে ঘাড় নাড়িয়ে তার উত্তর দিল। এতক্ষণে বিতানের মুখেও হাসি ফুটেছে।

দূরে সূর্য নেমে এসেছে অস্তাচলে ।অপরাহ্নর বেলাশেষে নতুন রং ছড়িয়ে যাচ্ছে। ঠিক যেমন প্রচন্ড গরমের পর সমস্ত প্রকৃতি ঠান্ডা হতে শুরু করেছে। তেমনি উষ্ণার মনের ঝড়ও থেমে এক অসম্ভব শান্তি নেমে এসেছে।উষ্ণা চেয়ে তাকালো বিতানের দিকে ।ওর চোখের দৃষ্টি পরিষ্কার বর্ণনা করছে সব পরিস্থিতিতে বিতান ওর পাশে থাকবে ।পরাহ্ন বেলা ছুঁয়ে যাচ্ছে উষ্ণার ঠোঁটকে।

সমাপ্ত

6

ইচ্ছা

ইচ্ছা

মৈত্রেয়ী মুখার্জী

যখন একলা থাকি বসে
তখন অনেক ইচ্ছে মনে আসে ॥
ইচ্ছে করে ...
পাখি হয়ে ওই দূর আকাশের
নীল সীমানায় যেতে ,
রূপকথার ওই রাজ্যে ।
ইচ্ছে করে ...
ব্যঙ্গমা-ব্যঙ্গমীর গল্পের
সেই রাজকুমারী হতে,
রাতের বেলা রাজার কুমার এসে
ঘুম ভাঙাবে সোনার কাটি ছুঁয়ে ।।
যখন একলা থাকি বসে,
তখন অনেক ইচ্ছে মনে আসে ॥
ইচ্ছে করে ...
পাহাড় থেকে ঝর্ণা হয়ে পড়ি
নদীর মতো শান্ত ভাবে শুধুই বয়ে চলি ॥
ইচ্ছে করে...
পূর্ণিমার ওই জ্যোৎস্না রাতের

শশীর মতো হতে ,
চন্দ্রিমার শীতল স্পর্শে
নতুন করে বাঁচতে। ।
ইচ্ছে করে ...
রোজ প্রভাতের সূর্যকিরণ হতে ,
বুলবুলি-ময়না-টিয়ের মিষ্টি গানে
নতুন সকাল দেখতে॥
যখন একলা থাকি বসে
তখন অনেক ইচ্ছে মনে আসে ॥
ইচ্ছে করে ...
বর্ষা দিনের বনময়ূর হতে
পেখম মেলে নাচ দেখিয়ে
বন মাতিয়ে দিতে ॥
ইচ্ছে করে ...
তিতলি হয়ে উড়ি
ফুলের বনে বনে ॥
ইচ্ছে করে ...
ঘুমের দেশে যেতে
মায়ের কোলে মাথা রেখে শুয়ে
সেই লালপরি আর নীলপরীর বেশে। ।

7

শাস্তি

শাস্তি

নিকিতা বেড়া

সাত টা বছর পর আজ কিশোর বাড়ি ফিরবে। কিন্তু সেই বাড়ি কি আর আগের মতো আছে। সেটাই সবথেকে বড় প্রশ্ন?

কিশোর বাড়ি ফিরছিল যখন পাড়ার লোকেরা ওর দিকে একটা অদ্ভুত দৃষ্টিতে তাকিয়ে ছিল। তাদের সবার দৃষ্টিতে কি ছিল? করুণা? এই কথাটা ভাবতেই কিশোরের মুখে একটা তাচ্ছিল্যের হাসি ফুটে উঠল।

বাড়ির দরজাটায় কড়া নেড়ে যে কোনো লাভ হবে না তা জেনেই দরজাটা ঠেলে ঢুকলো কিশোর। সাত বছর পর নিজের বাড়িতে ঢুকে মৃত বাবার মালা দেওয়া ছবি আর মানসিক ভারসাম্যহীন মাকে দেখে কিশোর স্তব্ধ হয়ে গেল। দুচোখে জল গড়িয়ে পড়ল।

কিশোর ঘোষ, একজন ধর্ষনের দায়ে জেল খাটা আসামি, যে সাত বছর পর নির্দোষ প্রমাণিত হয়েছে।

সাত বছর আগে, কিশোর একটা বেসরকারি কোম্পানিতে মোটামুটি একটা ভালো পোস্টে চাকরি করত। মোটামুটি স্বচ্ছল পরিবার। কিশোরের বাবা তরুণ বাবুর পেনশনের টাকায় আর ওর মাইনেতে ওদের পরিবারের ভালোই চলছিল। পরিবার বলতে ছিল, কিশোরের মা, বাবা আর স্ত্রী। কিশোরের স্ত্রী তখন নয় মাসের অন্তঃসত্ত্বা। সামনেই ডেলিভারির ডেট। হসপিটাল বিল, ওষুধপত্র, বাচ্চার জন্য নতুন জামাকাপড় আরও অনেক খরচ আছে সামনেই। এত খরচ একসাথে সামলানো কিশোরের পক্ষে একটু কঠিন।

তাই কিশোর ফোন করে ওরই একজন সহকর্মীকে।

কিশোর মাস তিনেক আগে ওর এক সহকর্মী নয়না কে হাজার পাঁচেক টাকা ধার দিয়েছিল। নয়না বলেছিল একমাসের মধ্যে ফেরত দিয়ে দেবে কিন্তু তখন টাকার দরকার ছিলনা বলে কিশোর ও আর নয়নাকে টাকা ফেরত দেওয়ার জন্য তাড়া দেয়নি।কিন্তু এখন নেহাতই টাকাটা ওর প্রয়োজন।কিশোর ফোন করলে নয়না ওকে টাকা দিতে অস্বীকার করে।অনেক বার করে বলায় নয়না কিশোরকে পরের দিন নিজের বাড়ীতে ডেকে পাঠায়। কিশোর অনিচ্ছা সত্ত্বেও রাজি হয়।q

পরের দিন রবিবার ,সকাল দশটার দিকে কিশোর বাড়ি থেকে বেরিয়ে নয়নার বাড়িতে যায়।

কিশোর যখন নয়নার বাড়িতে পৌঁছায় তখন বাড়িতে কেউ ছিল না, কেবল নয়না ছিল।

"নয়না আমার টাকাটা দিয়ে দাও, আমার দরকার আছে এখন টাকাটা, কয়েকদিনের মধ্যে আমার বউ এর ডেলিভারি আছে।"কিশোর নয়নাকে অনুরোধ করে।

নয়না বাঁকা হাসি দিয়ে বলে,"কোনো টাকা ফেরত দিতে পারব না আমি।"

"নয়না দয়া করে টাকাটা দিয়ে দাও”কিশোর নয়নাকে বার বার অনুরোধ করতে শুরু করে।

নয়না তাও টাকা ফেরত দিতে অস্বীকার করলে কিশোরের ধৈর্যের বাঁধ ভাঙতে শুরু করে।

"তুমি টাকাটা না দিলে কিন্তু আমি কড়া পদক্ষেপ নেব।"কিশোর রাগত স্বরে বলে।

"কি করে নেবে তুমি আমিও দেখবো" নয়না বলে ওঠে।

এক পর্যায়ে নয়না হেসে উঠে নিজের পরনের শাড়ি, ব্লাউজ ছিঁড়ে ফেলে ,চুলটা ঘেঁটে দিয়ে হাতে মুখে নখের আঁচড় দিয়ে দরজা দিয়ে বেরিয়ে গিয়ে চিৎকার করতে করতে পাড়ার লোক জড়ো করে,

"ও দিদি গো আমার কত বড় সর্বনাশ করে দিল এই লোকটা, আমি টাকা ফেরত দিতে পারিনি বলে আমার ইজ্জত নষ্ট করতে চাইছিল গো। আমি অনেক কষ্টে বেরিয়ে এসেছি।"

নয়না কাঁদতে কাঁদতে বলতে লাগল।

কিশোরের হতবম্ব ভাব কেটে ওঠার আগেই কিছু লোক ওকে ঘর থেকে টেনে বের করে এনে মারতে শুরু করে, লোকগুলো মারতে মারতেই ওকে অকথ্য ভাষায় গালাগাল দিতে শুরু করে,

"শালা কুত্তার বাচ্চা, বাড়ীতে মা বউ নেই"

"এই জানোয়ার টাকে মেরেই ফেলো"

"এদের মত নরকের কীটের জন্য আজ মেয়েদের সুরক্ষা নেই"

"এই কেউ একটা পুলিশে ফোন দাও"

আধ ঘন্টার মধ্যে পুলিশ এসে কিশোর কে ধরে নিয়ে চলে গেল। প্রথমেই পাড়ার লোকেরা কিশোরকে মেরেছিল, আবার পুলিশ স্টেশনে এসেও পুলিশের রুলের বাড়ি।

কিশোর প্রতিবার মার খেয়েও নিজেকে নির্দোষ দাবি করে।

সোশ্যাল মিডিয়া, খবরের কাগজ সর্বত্র ঝড় বয়ে যায়। ধর্ষকের শাস্তি চায়। শেষে মিডিয়ার চাপে কয়েকদিনের মধ্যেই কোর্টে কেস ওঠে। কোনো উকিল কিশোরের কেস নিতে চাইলো না।

কিশোরের বাবা একজন স্কুল টিচার ছিলেন, সারাজীবন উনি সৎভাবে উপার্জন করেছেন, উনি নিজের ছেলের ওপর এই জঘণ্য অপবাদ , তার ওপর রাস্তায় বেরোলেই নানা রকমের মন্তব্য তিনি মেনে নিতে পারেননি। হার্ট অ্যাটাকে মারা যান।

কিশোরের মা একের পর এক ধাক্কা সামলাতে পারলেন না, ছেলের জেলে যাওয়া স্বামীর মৃত্যু সবকিছু ওনার মস্তিষ্কে অত্যন্ত খারাপ প্রভাব ফেললো। উনি মানসিক ভারসাম্যহীন হয়ে গেলেন।

আর কিশোরের অন্তঃস্বত্তা স্ত্রীকে তার বাপের বাড়ির লোক নিয়ে চলে যায়। এক বছর পর তার আবার অন্যত্র বিয়ে দেয় তারা।

যে সন্তানের ভূমিষ্ট হওয়ায় জন্য প্রয়োজনীয় টাকা আনতে তার বাবাকে জঘণ্যতম অপরাধে জেলে যেতে হয়েছিল সেই সন্তান কখনো হয়তো জানতেই পারবে না তার আসল বাবার পরিচয়। আর সেই হতভাগ্য কোনোদিন নিজের সন্তানের মুখ দেখতে পাবে না।

পুরোনো সব কথা মনে করে কিশোরের চোখে জল এসে যায়। যদিও এই একটাও কথা পুরোনো নয় দগদগে ঘা হয়ে সারাজীবন ওর সাথে থেকে যাবে।

কিশোর ধীর পায়ে মায়ের ঘরের দিকে এগিয়ে যায়। কিশোরের মামা ওর মা কে নিয়ে যেতে চেয়েছিল কিন্তু উনি যান নি। বাধ্য হয়ে ওনার মামা একজন আয়া রেখেছেন যে সময়মত ওষুধ দেয় খাবার দেয়।

কিশোর ওর ঘুমন্ত মায়ের মাথায় হাত বুলিয়ে দিয়ে বাইরে বেরোয়, সাথে নিয়ে যায় কিছু ফাইলপত্র। কিশোর যায় পুরোনো অফিসে,সেখানে গেলেও তাকে আর কাজে ফিরিয়ে নেওয়া হয় না।

কিশোর তার কিছু বন্ধুর কাছে গেল একটা কাজের জন্য। কিন্তু সবাই ওকে সাহায্য করতে অস্বিকার করে।

পরের দিন কিশোর ফিক্স ডিপোজিটের অফিসে যায়। ওখানে গিয়ে ওর নিজস্ব কিছু জমানো টাকা সবটা তুলেনিয়ে আসে। সবটা।

তারপর মাকে নিয়ে যায় একটা মানসিক চিকিৎসা কেন্দ্রে। সেখানে গিয়ে মাকে রেখে আসে আর টাকাও দিয়ে আসে যাতে ভবিষ্যতে কোনো অসুবিধা না হয় আর এই কথাটা ওর মামাকে জানিয়ে দেয়।

বাড়ি ফেরার পথে কিশোর একটা বিরিয়ানির দোকান থেকে প্রিয় চিকেন বিরিয়ানি কিনে নিয়ে গিয়ে বাড়িতে বেশ তৃপ্তি সহকারে খায়। খেয়ে দিয়ে একটা আধ ঘন্টার ঘুম নেয়, যাকে পাতি বাংলায় ভাতঘুম বলে।

ঘুম থেকে উঠে কিশোর সারা ঘরে বিছিয়ে দেয় সেই সমস্ত খবরের কাগজ যেগুলোতে ওকে নিয়ে খবর ছেপে ছিল সাত বছর আগে। তারপর একটা ড্রাম নিয়ে কিশোর খাটের ওপর উঠে বসে।

আধ ঘন্টা পর পাড়ার লোকেরা পোড়া পোড়া গন্ধ পেয়ে পুলিশে খবর দিলে পুলিশ এসে বের করে এক অসহায় পুরুষের অর্ধদগ্ধ দেহ। ঘরে দমকল এসে আগুন নিভিয়ে দিতে একটুকরো আধপোড়া কাগজ পড়ে থাকে তাতে জ্বলজ্বল করছে ধর্ষক শব্দটা।

আবারও সাত বছর আগের মত খবরের কাগজের হেডলাইনে ছাপা হল কিশোরের খবর আবারও সোশ্যাল মিডিয়া তোলপাড় হোল। কিন্তু কিশোরের আর ফেরা হলো না।

এভাবেই হাজারো কিশোর বয়ে যায় সময়ের স্রোতে, তাদের জন্য থাকেনা কোনো আসল সহমর্মিতা, থাকে শুধু মিথ্যে সহানুভূতি। তাদের জন্য থাকে কেবল শাস্তি।

৪

কিছুটা অন্যরকম

কিছুটা অন্যরকম

দিব্যাশা সেনগুপ্ত

সকাল থেকে পিহু বাড়িতে চিৎকার শুনছে।কেন হচ্ছে তা বুঝতে আর অসুবিধা নেই।এ আবারো ঝামেলা করছে ঠাম্মির সাথে।এইটাই হচ্ছে পিহুর বাবার মৃত্যুর পর থেকে। পিহুর বাবা শিক্ষক ছিলেন।খুব পয়সা না হলেও বেশ ভালোই সংসার চলতো।পিহু, ওর ভাই রিজু ওদের মা বাবা আর ঠাম্মি। এই পাঁচজনের সংসার। পিহুর বাবা মা কে প্রচন্ড ভালোবাসতেন ।কিন্তু ওর মায়ের ঠাম্মিকে নিয়ে অনেক সমস্যা ছিলো। যদিও স্বামীর ভয়ে কোনোদিন কিছু বলেননি। সমস্যা বাধে যখন হৃদরোগে আক্রান্ত হয়ে গত বছর পিহুর বাবার মৃত্যু হয়।পিহুরা পড়ে অতল সমুদ্রে। কি করবে ভেবে পায় না ওরা। একে তো মৃত্যুর শোক, তারওপর উনি ছাড়া কেউ টাকা উপার্জন করতেন না বাড়িতে।পিহু তখন সবে ক্লাস ইলেভেন আর ওর মা পুরোই হাউসওয়াইফ।আর বাড়ি ছেড়ে উনি গেলে কাজ কে করবে? রিজু তখন সবে এইট।কি করা যায় !?এই ভাবতে ভাবতেই ওদের মাথা খারাপ হয়ে যায়। শেষমেষ বাধ্য হয়ে পিহু টিউশনি তে নামে।পাড়ায় ওর বাবার শিক্ষক হিসেবে ভালো নাম থাকায় ,ও কিছুটা সফল হয়।ওর টিউশনের টাকাতেই ঘর চলে।রিজুর পড়া হয়।তবে এতো কিছুর মাঝে ওর মার মনেহয়, ওর ঠাম্মি না থাকলে এতো সমস্যা হতোই না। ওনার ওষুধের পিছনে যা টাকা খরচ হয় ,তা বেঁচে যেত।এরপর শুরু হয় ঝামেলা। অনেকবার বের করার চেষ্টা উনি করেছেন।কিন্তু পিহুর জন্য পারেননি।পিহুও ঠাম্মিকে

প্রচন্ড ভালোবাসে। তাই ওর মা নতুন পথ অবলম্বন করেন। রোজ ইচ্ছে করেই ঝামেলা করতে থাকে ওনার সাথে। যাতে করে একদিন উনি নিজেই কোথাও চলে যান। আগে পিহু বাড়িতে থাকলে ঝামেলা করতেন না । কিন্তু আজকাল ও থাকতেই করেন। আর ওর ঠাম্মি চুপটি করে দাঁড়িয়ে চোখের জল ফেলেন ।

আজও তেমনি ঝগড়া হচ্ছে। পিহু আর ওর ভাই শুয়ে। পিহু জেগে গেলেও ভাই ঘুমোচ্ছে । হঠাৎ পিহুর কানে আসে মা বলছেন , " এই আজ থেকে এখানে থাকতে গেলে আপনাকে কাজ করতে হবে। কাজ করুন তাহলেই সব সমস্যার সমাধান হয়ে যায়। " এবার পিহু উঠে আসে ।

পিহু : মা, এসব কি বলছো!!ঠাম্মি এই বয়েসে বাড়ির কাজ করবে!?এটা তুমি কিভাবে বলতে পারো!!

পিহুর মা : তুই তো বেরিয়ে যাস। ওনার সব কাজ আমাকেই করতে হয় । আবার সংসারের কাজ। আমি কতোদিক করবো ?

পিহু : কিন্তু ঠাম্মি তো হাতে হাতে করে । যেমন সবজি কেটে দেয় ছুরি দিয়ে, তারপর মশলা অনেক কিছুই ঠাম্মি করে তো ।

পিহুর মা : ওই শোন, ঐটুকু তো কিছুই হয় না । ঝাটা দেওয়া, বাসন মাজা সব আমি করি । আজ থেকে কিছুটা উনি করবেন ।কিছু টা আমি।

ওর ঠাম্মি শাড়ির খুট দিয়ে চোখটাকে মুছে বলেন, "আচ্ছা ঠিক আছে । আমি কাজ করবো । আর ঝামেলা করো না বৌমা । যা, যা দিদিভাই একটু শো । আজ তো তোর পড়ানো আছে । " পিহুর মা রান্নাঘরে যান। আর ওর ঠাম্মি ওনার পিছনে পিছনে। পিহু খানিকক্ষণ পর নিজের রুমে চলে যায় ।

সাড়ে দশটা ঘড়িতে । পিহু দুটো সুটকেস আর একটা সাইড ব্যাগ নিয়ে বেরিয়ে আসে । ওর ঠাম্মি মা আর ভাই অবাক হয়ে চেয়ে থাকে ।

পিহু : ঠাম্মি চলো । তোমায় আর এখানে থাকতে হবে না ।

পিহুর মা বেশ খুশি হন শুনে ।

ওর ঠাম্মি হতভম্ব হয়ে চেয়ে থাকেন নাতনির দিকে ।

পিহুর মা : যাক বাবা । তোর দেরিতে হলেও বুদ্ধি হয়েছে । তা মা তুই ওনাকে বৃদ্ধাশ্রমে রেখে ফিরবি কখন??

পিহু : তোমায় কে বললো ঠাম্মিকে আমি বৃদ্ধাশ্রমে রেখে আসবো ? আমার একটা বন্ধু আছে । ওর বাড়ির নিচের তলায় একটা ঘর আছে । ওখানে আমি আর ঠাম্মি থাকবো । আমি ঠাম্মিকে একা রেখে কখনোই আসবো না । আর চিন্তা করো না, আমি মাসের শুরুতে টাকা পাঠাবো । তোমাদের কোনো

সমস্যা হবে না। চলো ঠাম্মি, আমার আর তোমার নতুন সংসারে।

বাড়ির সামনে ট্যাক্সিটা দাঁড়াতে পিহু ব্যাগ দুটো তুলে দেয়। আর ঠাম্মিকে যত্ন করে ধরে ট্যাক্সিতে তোলে। আর নিজেও উঠে যায়। ওর মা স্তব্ধ হয়ে শুধু দাঁড়িয়ে থাকেন। রিজুও বেশ চুপ করে গেছে।

ট্যাক্সি চলতে থাকে। সরলা দেবী নাতনির দিকে তাকাতে নাতনি হেসে ঠাম্মিকে জড়িয়ে ধরে।

ঠাম্মি আর নাতনি চললো তাঁদের নতুন গন্তব্যে। তাদের সংসারে।

৭

কঠিন বাস্তবতা

কঠিন বাস্তবতা

অনিষা দাস"দুষ্টু"

_দাদা....দাদা গোলাপ ফুল নেবেন। লাল,পিংক,হলুদ,সাদা সব রং-এর গোলাপ ফুল আছে।

বাসস্ট্যান্ডে দাঁড়িয়ে একটা বাচ্চা ছেলে এক ব্যাক্তিকে বলছিলো।

লোকটি একটু বিরক্তিসহকারে বললেন,"আমার লাগবে না। বিরক্ত করিস না যা এখান থেকে।"

বাচ্চা ছেলেটি তাও জোড় করেই বললো,"প্লিজ কাকু নিয়ে নিন না। আমার টাকার খুব দরকার।"

লোকটি এবার গর্জে উঠেই বললো,"এই টুকু বাচ্চা ছেলে কি বুঝিস টাকা পয়সার ব্যাপারে। তোদের টাকা দেওয়া মানেই তো সেই পয়সা দিয়ে বাজে কাজ করা নাহলে, নেশা করে রাস্তার ধারে পরে থাকিস আবার বড়ো বড়ো কথা।"

এতো কড়া কড়া কথা শুনে চোখ দিয়ে জল গড়িয়ে পরলো বাচ্চা ছেলেটার।

বাসস্ট্যান্ডে পাশে একটা বসার জায়গা আছে ছেলেটা সেখানে গিয়ে বসলো।

এই ব্যাপারটা নিত্যদিনের ঘটনা। ছেলেটা রোজ বাসস্ট্যান্ড আসে গোলাপ ফুল বিক্রি করতে। তারপর পাশে থাকে পার্কে চলে যায়।

এই সব বাসস্ট্যান্ডে দাঁড়িয়ে থাকা রতনবাবু লক্ষ্য করছিলেন।

রতন মুখোপাধ্যায় একজন সরকারি কর্মকর্তা। ভালো টাকার মাইন পায়।

রতন বাবু রোজ বাসে করেই অফিস যায়। তাই এই ঘটনা রোজ পর্যবেক্ষণ করেন। উনার খারাপও লাগে এই দৃশ্যটা দেখে। সত্যি বাচ্চা ছেলেটা শুধু সৎ পথে ফুল রোজগার করছে তাও এতো মানুষের কথা শুনতে হচ্ছে।

রতনবাবু অনেক বার কিনেছিলেন গোলাপ ফুল বাচ্চা ছেলেটির কাছ থেকে। গোলাপটা কেনার পর রতনবাবু যখন ছেলেটার মাথায় হাত বুলিয়ে দিয়েছিলেন বাচ্চা ছেলেটি প্রাণ খুলে হেসে উঠেছিল। যা দেখে রতনবাবুর প্রাণ টা জুড়িয়ে গেছিলো।

রতনবাবুর বাস চলে আসায় উঠে দাঁড়ায় বাসে। বাসে উঠে উনি জানলা থেকে বাইরে তাকায় বেঞ্চে বসে থাকা ছেলেটার দিকে আর ওর পাশে বসে আছে এক যুবক। যে ওকে নানা ভাবে হাসানোর চেষ্টা করছে।

রতনবাবু প্রত্যেক দিনই দেখে এই যুবকটি। যুবকটি বাচ্চা ছেলেটির পাশে বসে কথা নানা অঙ্গভঙ্গিমা করে আর বাচ্চা টি খিলখিলিয়ে হেসে উঠছে। উনি এই বিষয় টা দেখে বিশেষ অবাক হন কারণ যেখানে সবাই এই বাচ্চা ছেলেটাকে দূরে সরিয়ে দিচ্ছে নিজেদের কাছ থেকে সেখানে এই যুবকটি বাচ্চা ছেলেটিকে মজার মজার কথা শুনিয়ে হাসাচ্ছেন।

বাস ছেড়ে দেয়। বাস রতনবাবুর অফিসের পথে এগিয়ে যেতে থাকে। কিন্তু উনার মন ওই বাসস্ট্যান্ডের বাচ্চা ছেলেটির কাছে। উনি চাইলেও যে প্রতিবাদ করতে পারেন নি। উনারও যে পরিবার আছে। তাই প্রতিবাদ করতে মন চাইলেও পারেন না সমাজের ভয়।

দুদিন কেটে যায়। এই দুদিন রতনবাবু আর ওই বাচ্চা ছেলেটার দেখা পায় নি সাথে ওই যুবকটিরও দেখা পায়নি।

পরের দিন উনি বাসস্ট্যান্ডে এসে দেখলে খুব চেঁচামেচি হচ্ছে। ভীড় সরিয়ে সামনে এগিয়ে এসে দেখলেন বাচ্চা ছেলেটি মাটিতে পরে আছে। ওর চারপাশে গোলাপ ফুল ছড়িয়ে আছে। ছেলেটির হাত দিয়ে রক্ত গড়িয়ে পরছে।

বাচ্চা ছেলেটির সামনে দাঁড়িয়ে আছে আগে দিনের সেই লোকটা। নানা ভাবে ছেলেটিকে কটু কথা শোনাচ্ছেন। লোকটি তাও কোনো দয়া মায়া না দেখিয়ে গজগজ করতে থাকেন।

রতনবাবু এবার ঠিক করেই ফেলেছেন আজ উনি প্রতিবাদ করবেন। কিন্তু তার আগেই এক যুবক ভীড় ঠেলে এসে বাচ্চা ছেলেটিকে হাত ধরে তুলে দাঁড় করায়। মাটিতে পরে থাকা গোলাপ ফুল গুলো ছেলেটির হাতে

দেয়। হাতে যেখান কেটে রক্ত বেরাচ্ছে সেখানে নিজের পকেট থেকে রুমাল বের করে বেঁধে দেয়। বাচ্চা ছেলেটি যুবক টিকে জড়িয়ে ধরে কেঁদে ওঠে।

রতন বাবু চিনতে পেরেছেন যুবকটিকে দেখে। এটা সেই যুবকটি যে বাচ্চা ছেলেটিকে হাসানোর চেষ্টা করছিলো সেই দিন বাসস্ট্যান্ডে।

যুবকটি রাগি দৃষ্টিতে সামনে থাকা লোকটির দিকে দাঁড়িয়ে চিৎকার করে বলে উঠে,"আপনি কি মানুষ!আপনার ভেতরে কি একটু দয়া মায়া কিছু নেই। এই ভাবে একটা বাচ্চাকে ধাক্কা মেরে ফেলে দিলেন। নিজের সন্তান হলে পারতেন এমন করতেন।"

লোকটি রেগে বললেন,"এই যে শোনো তোমার এই সব জ্ঞান না নিজের পাশেই রাখো আমাকে দিতে এসো না।"

যুবকটি বললো,"তা আপনার লাগবে কেন?আপনাদের মতো মানুষের জন্যই তো আজ এই সমাজের এই অবস্থা। এক বার ভেবে দেখলেন না ওদেরও মন আছে,ওদের ও স্বপ্ন আছে। জানে এই বাচ্চা ছেলেটি কেন বার বার নিজের ফুল বিক্রি করার জন্য পা ধরে!কারণ ওর মা অসুস্থ আর এক বাচ্চা বোন আছে। ওদের জন্য ও রোজগার করছে তাও সৎ পথে। আপনাদের মতো ওতো টাকা নেই কিন্তু একটা ভালো মন আছে ওদের। যেটা আপনাদের মতো স্বার্থপর না। সাহায্য করলে ওরাও তার পাল্টা সাহায্য করে। সেটা আপনি বুঝবেন না।"

লোকটি মাথা নীচু করে নেয়। উনির উনার ভুল টা বুঝতে পেরেছেন। শুধু একটা "সরি "ছাড়া কিছুই বলতে পারেন নি উনি।

যুবকটি মুচকি হেসে বললেন,"সরি!এই একটা কথা বলে কি ভাবছেন ছেলেটাকে যে এতো অপমান করলেন তার কি হবে। কিছুই করতে পারবেন না আপনি। তাই বলছি পাশে দাঁড়াতে না পারেন,অনন্ত এদের অপমান করবেন না দয়া করে।"

তারপর আশে পাশে তাকিয়ে যুবকটি বললেন,"এখানে উপস্থিত অনেকেই আছেন যারা প্রতিবাদ করতে চেয়েও করতে পারেন না। আবার অনেক করতে চান না,তাদের কিছুই বলার নেই। তবে যারা প্রতিবাদ করতে চান তারা প্লিজ করুন প্রতিবাদ। ভয় পেয়ে লাভ কি বলুন!কাকে ভয় পাবেন এই সমাজ কে?এই সমাজকে ভয় পেয়ে কোনো লাভ নেই। তাই বলছি জেগে উঠুন আপনারা। আশে পাশে ঘটা অন্যায় গুলোর প্রতিবাদ করুন।"

ছেলেটি আর কিছু না বলে বাচ্চা ছেলেটিকে নিয়ে ভীড় ঠেলে বেরিয়ে আসে। ওখানে উপস্থিত অনেক চোখেই জল। রতন বাবু নিজেরও বড্ড খারাপ

লাগচ্ছে।

রতনবাবু দেখলেন যুবকটি একটা অটো দাঁড় করিয়ে তাতে বাচ্চা ছেলেটিকে নিয়ে চেপে বসলেন। উনার বাস এসে যাওয়া উনিও উঠে পরলেন বাসে।

তারপর থেকে বাচ্চা ছেলেটি এখানে ফুল বিক্রি করতে আসলে প্রত্যেক দিনই কেউ না কেউ ফুল ঠিকই কেনে। ফুল বিক্রি করে যখন টাকাটা হাতে পায় ছেলেটি সেটা দেখে হেসে ওঠে।

মানুষ হয়ে মানুষের পাশে দাঁড়ানোটা কর্তব্য। অন্যায় দেখলে প্রতিবাদ করাটা আবশ্যিকভাবে জরুরি। সমাজের ভয়ে পিছিয়ে গেলে হবে না। সামনে এগিয়ে আসতে হবে। নিস্বার্থ ভাবে কিছু করলে মন,আত্মা দুটোই শান্তি পায়।

সমাপ্ত

10

আমার ষোলোটা বছর

আমার ষোলোটা বছর

অয়ন ভড়

আমার ষোলোটা বছর - মনে রাখিবেনা ইতিহাস,
আমার ষোলোটা বছর - অনেকদিন-অনেকমাস
গেছে কেটে - দেখেছি অনেক দুঃখ-সুখ-কান্না-হাসি,
আমার সোনালি শৈশব জুড়ে অপার নক্ষত্র-রাশি,
দেখেছি বিস্মিত-চোখে; সেসব দখিনা-দিন
নেই আর-ফিরে আসিবেনাকো আর-অনেক রঙিন
হাসিহাসি মুখ, প্রাণোচ্ছল, উল্লাসিত-মত্ত মনগুলি
নেই আর চারপাশে, তারা এখন ধূসর, জীবনের ধূলি
লেগেছে তাদের মুখে, নেই সেই দুরন্ত প্রাণপূর্ন খেলা
নেই নিশ্চয়, নেই শিকড়ের টান, কান্না-হাসির মেলা।
কখনো ক্লান্ত-অবসরে মনে হয়-অনেক পথ হেঁটে
এসেছি এইখানে, এখনো অনেকটা পথ যেতে হবে,
তবু মনে হয়-আনমনে চুপিসারে গেল কেটে
আমার জীবনের ষোলোটা বছর! কেটে গেল নীরবে।
আমার কৈশোর-কথা থাকিবেনা কাহিনী হয়ে,
আমার ষোলোটা বছর থাকিবেনা কারো হৃদয়ে,
তবু, যদি মনে রাখে ওই বেলগাছ কিবা স্নান-পুকুর
আমার কিছু কথা-যে নারীরে দিয়েছিলাম মন

নিয়েছিল সে, তারপর কেন কী কারণ-অকারণ
সযত্নে সে দিয়েছিল মনখানি ভেঙে, সযতনে
টুকরো টুকরো করে ছড়িয়ে দিয়েছিল পথের 'পরে
আমার মনের চূর্ণকণাগুলি, তারপর এই দীর্ন-হৃদয়
কোনো নারীরে দেয়নিকো মন - এ বিরহ-কথন
আমার রবে নাকোকোথাও লেখা - সেও যাবে ভুলে
তার করবী সাজিয়া উঠিবে অন্য রং-বাহারি-ফুলে!
আমি ঝরে যাবো - প্রাচীন নক্ষত্রের মতো একদিন
আমার ষোলোটা বছর - অনেক ব্যথিত, ধূসর-মলিন,
সাদাকালো জীবনের চোষট্টি-খোপ সাজায় ঈশ্বর!
সব আলো হয়ে আসে ক্ষীণ-সর্বনাশ সাজায় প্রহর!
তারইমাঝেআমারজীবনেরদীর্ঘ ষোলোটাবছর!

11

গল্পের অন্তিমে

গল্পের অন্তিমে

সৃষ্টিতা পাঁজি

পাকা রাস্তা থেকে কিছুটা দূরে জীর্ণ শীর্ণ দোতলা বাড়িটা অসহায়ের মত দাঁড়িয়ে রয়েছে। সারাবাড়ি জুড়ে ফাটল গুলো দেখে মনে হচ্ছে যেন বহু বছরের কাটাছেঁড়া স্মৃতিগুলো বুকে আগলে হাঁসফাঁস করছে একটু নিজের তরে বাঁচার জন্য। ফাটলের ফাঁক দিয়ে বেরোনো বট , পাকুড়ের সরু সরু ডালপালাগুলো যেন স্মৃতির অতল থেকে জন্মে ওঠা প্রাণ। দোতলার লম্বা বারান্দার জানলার শিকগুলোকে ধরে কাঠের চেয়ারে বসে রয়েছে সত্তর থেকে পঁচাত্তর বছরের এক বৃদ্ধা। গুটিয়ে যাওয়া চামড়ার শীর্ণ দেহটা ঢেকে রেখেছে একটা ফিকে রঙের কাপড় , তার ওপরে পুরোনো রোয়া ওঠা ফ্যাকাশে ধূসর চাদর আর চোখে বছর কয়েকের পুরোনো মোটা কাঁচের চশমা। শীতের সকালের সূর্যের মখমলের মত উষ্ণ রশ্মিটা সবটুকু গায়ে মেখে নেওয়ার জন্য জানলার ধার ঘেঁষে মাথা নিচু করে রয়েছে বৃদ্ধা। এখন সময়টা যেন তার কাটতেই চায় না। বাড়িতে লোকের অভাব নেই। ছেলে , বৌমা , নাতি , নাতনি সব আছে কিন্তু কেউই নিজেদের ব্যক্তিগত জীবনে এই সত্তর বছরের বুড়িটাকে জড়াতে চায় না। সময়ে খেতে দেওয়া , পোশাক এনে দেওয়া আর বাকি সময় বৃদ্ধাকে কোণঠাসা করে রাখাই ভালো মনে করে তারা। বৃদ্ধা দিন রাত এক করে শুধু প্রার্থনা করে যেন খুব তাড়াতাড়ি ভগবানের পায়ে ঠাঁই হয় তার। কিন্তু ভাগ্য যে বড্ড কড়া , সময়ের আগে নির্লিপ্ত থাকাই তার কাজ।

"রিনিতা তাড়াতাড়ি করো দেরি হয়ে যাচ্ছে তো! তোমাকে রন্টির স্কুলে নামিয়ে আমাকে অফিস যেতে হবে।"

"এই তো হয়েই গেছে প্রায়। আর একটু অপেক্ষা করো আমি শুধু ব্যাগটা নেব।"

" তাড়াতাড়ি "

কিছুক্ষনের মধ্যেই হুড়মুড়িয়ে বাড়ির বাইরে বের হলো বৃদ্ধার একমাত্র পুত্র ও বৌমা। চোখ গেল পাশের ঘরে বসে থাকা নাতনি সিমির দিকে। তার হাতের বৃদ্ধাঙ্গুলি অবলীলায় নির্দিষ্ট তালে কি যেন লিখে চলেছে ফোনের উপরের কাঁচের পর্দাটায়। তার এখন নতুন মানুষদের সাথে পরিচিতি হয়েছে , অনেক বন্ধু হয়েছে বাড়ির আপনজনদের জন্য সময় নেই তার।

বৃদ্ধা অর্থাৎ কামিনী রায়ের গোটানো চামড়ার ভাঁজে লুকিয়ে থাকা ঝাপসা দৃষ্টির চোখ দুটো নিত্যদিন সকাল থেকে রাত্তির পর্যন্ত এই সবকিছু দেখে চলেছে। সারাদিন ধরে ঠোঁটের বাকশূন্যতা যেন বুঝিয়ে দেয় তিনি এ বাড়ির অবাঞ্ছিত সদস্য। তাকে এখন কারোর প্রয়োজন নেই। এই অবসরের সময়টা যৌবন , কৈশোরের দিনগুলো মনে করিয়ে নিয়ে চলে তাকে বহুদূরে। যেখানে সে আর তার স্মৃতিতে আঁকা মানুষগুলো ছাড়া কেউ নেই। কামিনী রায়ের স্বামী দশ বছর আগে গত হয়েছেন। দশ বছর আগে পর্যন্ত বুড়োবুড়িতে একসাথে সময় কেটে যেত অতীত রোমন্থন করে। কিন্তু এখন তিনিও নেই। বড্ড একা করে দিয়ে চলে গেছেন। এখন হয়ত শুধু দূর থেকে চেয়ে থাকেন। দমবন্ধ হয়ে আসে তার। বৃদ্ধা তার স্বামীকে বড় ভালোবাসতেন। তাই তাঁর পাতলা , ফ্যাকাশে , ধূসর হয়ে যাওয়া চাদর আজও গায়ে জড়িয়ে রয়েছেন প্রবল শীতের মাঝেও। যেন এই চাদরেই তিনি তার স্বামীকে অনুভব করেন।

সন্ধ্যাবেলা...

"মা এই নিন আপনার চা-জলখাবার। হাত ধুয়ে এসে খেয়ে নিন।"

"বৌমা এখন উঠতে , হাঁটতে কষ্ট হয় তাই একটু জল এনে দেবে?"

রিনিতা দেবী বিরক্তিভরে তাকিয়ে ঝাঁঝালো কন্ঠে বলেন -

"সারাদিন তো কোনো কাজ করতে হয় না। হাতটাও ধুতে উঠতে পারছেন না! তাহলে হাত না ধুয়েই খান। আমি পারব না জল আনতে। রন্টিকে পড়াতে বসাতে হবে।"

রিনিতা দেবী চলে গেলে বৃদ্ধা মুচকি হাসেন। ঠোঁটের ফাঁকে অগাধ বেদনা আঁটোসাঁটো ভাবে জড়ো হয়ে নির্বাক থাকে।

চায়ের পর্ব শেষ হয়ে গেলে কামিনী দেবীর একমাত্র পুত্র কৃশানু রায় বাড়ি ফেরেন। কামিনী দেবী ধীরে ধীরে এগিয়ে গিয়ে একটা চেয়ারে বসেন ছেলের মুখের দিকে তাকিয়ে। কিন্তু হায়, ছেলে মায়ের দিকে ফিরেও তাকায় না। অগত্যা কন্ঠস্বর তুলনামূলক বাড়িয়ে তিনি বলেন -

"কৃশানু শোনো।"

"কি হয়েছে কি?"

"আমি বৃদ্ধাশ্রমে যেতে চাই।"

কৃশানু অবাক হয়ে বলে -

"তুমি ভেবে বলছ? আমি কিন্তু অন্য ছেলেদের মত ছলচাতুরি করে বৃদ্ধাশ্রমে পাঠাতে চাই না।"

"আমি ভেবেচিন্তেই বলছি।"

"বেশ ঠিক আছে। তুমি নিজে থেকেই যখন যেতে চাইছ আমি মানা করব না।"

বৃদ্ধা আবারও হাসে। আজকাল তার কাঁদতে ইচ্ছে করে না বরং হাসি পায়। নিজের গর্ভের সন্তান যখন বলছে 'আমি মানা করব না' তখন আর এই মায়ার বাঁধনকে টিকিয়ে রেখে লাভ কি? সে তো আগেই থেকেই ছিন্ন হয়ে রয়েছে।

সকালে...

" মা শোনো আজ ঠিক সকাল দশটায় , মানে আর কিছুক্ষণ পরেই গাড়ি আসবে। তোমার যা যা জিনিস নেওয়ার আছে নিয়ে নাও।বাকি রিনিতা গুছিয়ে দিয়েছে। আমরা মাসে মাসে দেখা করতে যাব।"

ছেলের কথা শুনে প্রথমে হতবাক হলেও পরে তাঁর হৃদয়ে যেন প্রবল রক্তক্ষরণ শুরু হয়। অজস্র দলা পাকানো যন্ত্রনায় গলার শিরা , নালি আর হৃৎপিণ্ডটা যেন ছিঁড়ে যাচ্ছে। বৃদ্ধা বলার চেষ্টা করল "খোকা তুই যদি আমাকে সত্যিই বৃদ্ধাশ্রমে পাঠাতে না চাইতিস তাহলে কি চব্বিশ ঘন্টার আগেই এত উচ্ছ্বসিত হয়ে ব্যবস্থা করতে পারতিস?" কিন্তু নিজের ছেলেই যখন অপরিচিত হয়ে ওঠে তখন তাকে কি আর সব বলা যায়!

যথারীতি নির্দিষ্ট সময়ে গাড়ি এলো আর কামিনী রায় তার বহুদিনের বাসস্থান , হাজারো স্মৃতির কুণ্ডলীর দিকে সস্নেহে তাকিয়ে রওনা দিলেন সঙ্গে কয়েকটা কাপড় , একান্ত প্রয়োজনীয় জিনিস ,স্বামীর ছবি আর চাদরটা ছাড়া ,ওই হঠাৎ অপরিচিত হয়ে ওঠা মানুষগুলির দেওয়া কোনো জিনিসই তিনি সঙ্গে আনেননি।

যথাসময়ে ' আন্তরিক ' নামক বৃদ্ধাশ্রমে নেমে চারিদিকটাকে দুচোখে মেপে নেন কামিনী রায়। বিশাল জায়গা জুড়ে ছড়িয়ে ছিটিয়ে রয়েছে তার মত একাধিক বৃদ্ধ , বৃদ্ধা। যেন অবসর অতিবাহিত করার এক স্থান। কেউ ফুল , ফলের বাগানে জল দিচ্ছে , কেউ হাঁটছে , কেউ বা একে অপরের সাথে সখ্যতা গড়ে তুলতে ব্যস্ত , আবার কেউ বড় কদম গাছের নীচে উলের সোয়েটার বোনায় ব্যস্ত। এখানে একটা মানুষেরও যেন দুঃখ নেই। গাড়ির চালক ছেলেটি সব ধরনের নথিপত্রের কাজ সেরে তাঁকে বড় লোহার গেট পেরিয়ে ভিতরে নিয়ে এলো। এ যেন বার্ধক্যের দুনিয়া।

ছেলেটি চলে গেলে কামিনী রায় বুঝতে পারেন না কোথায় যাবেন কি করবেন। দুরু দুরু বুকে হাতের ব্যাগটা চেপে ধরে দাঁড়িয়ে থাকেন। কিছুসময় পর তাকে দেখতে পেয়ে তারই প্রায় সমবয়সী কি পাঁচ বছরের এধার ওধার এরকম কয়েকজন বৃদ্ধা এগিয়ে এসে বলে -

" আপনি নতুন এসেছেন বুঝি!"

" হ্যাঁ , আসলে বুঝে উঠতে পারছি না কোথায় যাব?"

" আমরা আপনাকে পরে সব বুঝিয়ে দেব। এখন আমাদের সাথে আসুন। সবার সাথে পরিচয় করিয়ে দিই। "

পরিচয় আদানপ্রদান করার পর কামিনী রায়ের মনে হয় তিনি যেন বিদ্যালয়ে এসেছেন , সবার সাথে পরিচয় করছেন। শুধু পার্থক্য এটাই যে বই পাঠের শিশুসুলভ কান্না , পরীক্ষার ভীতি বা শিক্ষিক-শিক্ষিকার ধমকের অস্তিত্ব এখানে নেই। ছোটবেলায় যেমন সবাই চায় যে সারাটাদিন যেন বন্ধুদের সাথে খেলা করতে পারে আর ছুটি পেতে পারে , এখানের মানুষগুলোর সাথে মিশে সেই উচ্চাকাঙ্ক্ষা উঁকি দিচ্ছিল তাঁর মনে। এ শুধু বিদ্যালয়ের মত নয় , খানিক বিশ্ববিদ্যালয়ের আবহও রয়েছে। এখানে এক দম্পতি রয়েছে যারা সকলের মধ্যমণি। তাদের যৌবনের বয়সটা পেরিয়ে গেলেও সেই তরুণ মনটাকে বার্ধক্য গ্রাস করতে পারেনি। কখনো সেই বৃদ্ধ তার স্ত্রীর কাঁচাপাকা চুলের খোঁপায় কদম ফুল গুঁজে দিচ্ছেন তো কখনো বৃদ্ধা স্বামীর মাথা নিজের কোলে রেখে পূর্ণ সাদা চুলের ভাঁজে আঙ্গুল বুলিয়ে বিলি কেটে দিচ্ছেন। সবকিছু কি মধুর! কামিনী রায় খুব ভালো গান করতেন একসময়। কয়েকবার পুরস্কৃতও হয়েছেন। তবে সময়ের সাথে সব মেধা হারিয়ে গিয়েছিল। কিন্তু এই বার্ধক্যের আবরণে মোড়া শিশুমনগুলির মাঝে তার শিশুমনও দুলে উঠল। সবাই বলল "গাও একটা গান আর আমাদের সকলের প্রিয় দম্পতি পা মেলাক সেই গানের তালে। "

কামিনী রায় মনে মনে ভাবলেন "ভাগ্যিস তিনি এলেন এখানে। সব গল্পের অন্তিম পর্ব মন্দ হয় না। "

তিনি গায়ে জড়িয়ে রাখা স্বামীর ধূসর চাদরটাকে নিজের সাথে আরো একটু মিশিয়ে নিয়ে চোখ বন্ধ করে রবীন্দ্রগীতি শুরু করেন -

" সখী ভাবনা কাহারে বলে
সখী যাতনা কাহারে বলে
তোমরা যে বলো দিবস-রজনী
ভালোবাসা ভালোবাসা... "

সমাপ্ত

12

।।রাধেয় নয় তুই কুন্তী তোর মা।।

।।রাধেয় নয় তুই কুন্তী তোর মা।।

পৃথ্বীশ সরকার

কর্ণ: প্রণমি তোমায় সম্রাট মাতা,
কি কারণে তুমি আসিয়াছ হেথা?
কি কারণে এই শত্রুর ঘরে,
আগমন তব এই কুটিরে?
কুন্তী: সত্যের দ্যুতি সূর্যের মত,
ক্ষনিকের তরে গ্রহণে গত।
বৃথা মোর তারে ঢাকার প্রয়াস,
সত্য কহিতে আসিয়াছি আজ।
কাহিনী এ মোর কিশোরী কালের,
গল্প এ এক মন্দ ভালের ,
পাষাণী মায়ের এ গাঁথা খান,
নির্লজ্জ মুখে করিব বয়ান ।
কর্ণ : পূজি আপনারে দেবীসম মানি,
প্রসাদ সম তব জীবনকাহিনী,
তবে জানিতে পারি কি এই কৃপার কারণ?
রাধেয়রেই কেন করিলে স্মরণ?

কুন্তী: কৃপা তোরে আমি করেছি কোথায়?
ভিক্ষা গ্রহিতে এসেছি হেথায়,
দানবীর তুই কৃপা কর মোরে
ভিক্ষা চায় এ মা দু হাত জুড়ে ।
ফিরে চল বাপ , কর মোরে ক্ষমা ,
রাধেয় নয় তুই, কুন্তী তোর মা।
কর্ণ: হাসাইলে মোরে পান্ডবমাতা শুনাইয়া তব হাসির কথা ,
গর্ভধারিণী তুমি যে আমার,
প্রমাণ তাহার আছে কোথা?
কুন্তী: পাপের শাস্তি পাই আমি হায় !!
মা হবার কি কোন প্রমান দেওয়া যায়??
কিশোর বালিকা ভোজ দুলারি ,
বরপ্রাপ্তির হর্ষে উজারি ,
সূর্য দেবেরে করে আহ্বান,
" দিতে পারো কি মোরে সন্তান ??"
সন্তান লভি বিবেক জাগে,
নিজের উপরে বিরক্ত লাগে ।
" স্বৈরিণী মোরে কহিবে সমাজ
কেমনে বাঁচাব পিতৃ কুললাজ?"
হৃদয় চায় বিমগ্ন হতে ,
মাতৃসুখের আস্বাদ নিতে,
" ত্যজিব ভাবি আপন পরাণ ,
কিন্তু তাতেও যে যাবে পিতার সম্মান ।"
শত মন্দার মথিয়া ওঠে ,
হৃদয়ে এমন যাতনা জোটে ,
অর্থ আর অলঙ্কারেতে মুড়ে
ভাসায় পুত্রেরে ভাগ্যের তরে।
শৈলী প্রতিযোগিতা স্থলে , যখন তোর বক্ষস্থলে,
পুব আকাশের নবারুণের ন্যায় ,
দিব্য কবচ প্রকাশ পায় ,
জানিতে পারি তোর পরিচয় -
তুই ই আমার জ্যেষ্ঠ তনয় ।।

কর্ণ: (সেদিন) কোথা রেখেছিলে অর্জুন মাতা ?
মাতৃত্বের এই ব্যাকুলতা,
কৃপী,দ্রোণ উপহাসিল মোরে,
তখন মমতা রেখেছিলে কি সিন্দুকে ভরে??
কুন্তী : (সেদিন) যবনিকার পিছে নারীগণ মাঝে ,
মাতৃগর্বে যেই জন সেজে ,
তোর সর্বাঙ্গে দিল অদৃশ্য আশীষ চুম্বন
পান্ডব জননী কি সে শুধু , তব মাতা নন ?
সেদিনও মাতৃত্ব মোর ছিল প্রকাশিত,
তাই তো সর্ব সমক্ষে হয়েছিলাম ,
তোরে আশীষ দিতে রত ।
শুধু সত্যি স্বীকারে সেদিন হয়নি সাহস মোর,
কিন্তু ফিরে চল আজ, চল ফিরি সত্বর।
কর্ণ: দেরি করে ফেলেছো মাগো উপায় যে আর নাই।
বন্ধুত্বে দায়বদ্ধ আমি- তা কেমনে ভুলে যাই?
কুন্তী: জানি পুত্র যে মাতৃস্নেহ থেকে তোরে রেখেছি বঞ্চিত ,
তাহা তোরে আজ ফিরিয়ে দেওয়া মোর সাধ্যাতীত।
মম ভুলে হায় এ পরিণতি আজ ,
মম দুই পুত্র করে শত্রুবেশে সাজ।
কর্ণ: প্রতিজ্ঞা আমি করিলাম মাতা-দেখিবে তব কাছে,
এই যুদ্ধ শেষেও তোমার পাঁচ পুত্রই আছে।
অর্জুন ছাড়া বাকি পান্ডবে ঘটাব না আমি হানি,
কর্ণ অর্জুন- বাঁচিবে একজন -একথা শুধু জানি ।
ধর্ম আর ঈশ্বর করে যে পক্ষে অবস্থান ,
মোর মত পাপসঙ্গীর - নাহি হয় সেথা স্থান ।
বরং পরাজয় নিশ্চিত যে পক্ষেতে হায়,
সে পক্ষেই প্রয়োজন মোর অধিক প্রকাশ পায়।
কুন্তী: ধন্য তুই পুত্র মোর , ধন্য আমি মাতা ,
স্বর্ণাক্ষরে রচিত হোক তোর শৌর্য্য গাঁথা ।
আমার আশীষ বর্ষিত হোক সদাই তোর শিরে।
বীরত্ব তোর চর্চিত হোক প্রতি ঘরে ঘরে ।।

13

বনের পাখি

বনের পাখি

অভিজিৎ গোল

ওরে আমার বনের পাখি,
কেমন আছিস সোনার খাঁচায়?
চলে গেলি দিয়ে ফাঁকি,
নতুন দেশে বাঁচার নেশায়।
ভোর এলে রোজ রাতের শেষে,
গেয়ে যেতিস আনমনে গান।
মন কি তোকে ভালবাসে?
তোর বিরহে কাঁদছে এ প্রাণ।
আগের মত ভোর আসে রোজ,
নেই সে পাখি নয় সে আমার।
ফিরলো সেথায় দিলো যে খোঁজ,
সোনার খাঁচায় বাঁচতে শেখার।
হয়তো মনে থাকবেনা তোর,
থাকবে বনের সাধের বাসা।
রাতের শেষে ভোর তো আসে,
নেই শুধু আজ ভালোবাসা।

সমাপ্ত

14

হৃদয়াঙ্গনে

হৃদয়াঙ্গনে

প্রান্তিকা

কোনো এক অনাম্নী গোধূলিতে
ক্লান্ত যখন শরীর মন,
ভিড়ের মাঝে ফিরতি পথে
তোমার দেখা আমার সাথে, আচম্বিতে।
হয়না দেখা পিছন ফিরে
সময় তখন অনেক নিখোঁজ ,
তোমায় দেখে হঠাৎ করে
স্মৃতির কলকব্জা উঠবে নড়েচড়ে।
আলতো দৃষ্টি আজও জানে
হৃদয়ের অলক্ষ্যে রক্ত ক্ষরণ,
চকিতে ছোঁয়ার নিস্তব্ধ শিহরণ
খোঁজে, লক্ষ যোজন দূরত্বের মানে।
বিলীন সেদিন দোষারোপের ভুল
সংযত সকল অভিমানী প্রক্ষোভ,
তবুও অম্লান থেকো উপসংহারে
হৃদয়াঙ্গনে চিরন্তনী 'তুমি' নামক ফুল।

15

মাস্টার দা

মাস্টার দা

সায়ন্তনী দত্ত মন্ডল

দীর্ঘ সময়ের এই লকডাউনে এবং তার পরবর্তী বেশ কিছুটা সময় ধরেই বেশিরভাগ আই. টি.কর্মচারীর মত আমিও এখন "work from home " - এই অভ্যস্ত,অফিস যাওয়ার তাড়া,ঠিক সময় অফিসে পৌঁছানো,সারাদিন কাজ , গায়ে ঘামের গন্ধ - এসবকিছুই এখন অতীত।

আমার কিছু সহকর্মী , বন্ধুবান্ধব অনেকেই আবার এই বাড়ি বসে কাজের বিরোধী। ওদের মতে,অফিসগুলো স্বল্প ব্যয়ে আমাদের এমপ্লয়ীদের থেকে বেশি কাজ করিয়ে নিচ্ছে।

অত বড়ো অফিসের মেইনটেনেন্স , ইলেকট্রিকের খরচ, সিকিউরিটির খরচ বেঁচে তো যাচ্ছেই ,উপরন্তু এমপ্লয়ীদের কাজের কোনো নির্দিষ্ট সময়সীমা তো নেই;বরং শনি রবিবার - ছুটির দিনগুলোতেও ল্যাপটপে মুখ গুঁজে বসে থাকতে হচ্ছে। বাড়িতে কোনো অনুষ্ঠান হোক কিংবা শরীর খারাপ , বাড়িতে বসে কাজের দরুণ অনলাইন থাকা আবশ্যক। আর যদিও বা ছুটি মঞ্জুর হলো , যে কোনো মুহূর্তে ক্লায়েন্ট মিটিং আসতে

পারে , ফলে ছুটিও ভো-কাট্টা!আর বাড়িতে তো অশান্তি লেগেই আছে;একজন সারাদিন অনলাইনে কাজ নিয়েই ব্যস্ত তো অপর জন রেগে আগুন!আর দু'জনেই নিজেদের কাজে বসলো তো বাড়ির ক্ষুদে সদস্যদের হানা। কারুর কারুর অবস্থা তো আবার আরও সঙ্গীন,আত্মীয়দের বাড়ি হোক কিংবা কোথাও ঘুরতে যাওয়াই হোক ; কখন কি এমারজেন্সি চলে আসে

বা হুট করে যদি আবার লকডাউনই হয়ে যায়,আর কিছু নিক না নিক ঘাড়ে করে ল্যাপটপটিকে ঠিকই বয়ে নিয়ে যাচ্ছে,আরে চাকরিটা বাঁচাতে হবে তো নাকি!

তবে, আমার বাপু এই " work from home" মন্দ লাগে না। সকাবেলা ঘুম থেকে উঠে মায়ের হাতের গরম চায়ে চুমুক দিয়ে কাজে বসা,মুখরোচক জলখাবার আর কাজের ফাঁকে টুকিটাকি খাওয়াদাওয়া ভালোই কাটে সকালটা। আর তারপর দুপুরে কাজের ফাঁকে টুক করে লাঞ্চটা সেরে নেওয়া, আর সন্ধ্যেবেলা ওই মোটামুটি ৭টা-র দিকে কাজকর্ম সেরে মুড়ি তেলেভাজা খেতে খেতে মায়ের সাথে আড্ডা দেওয়া কিংবা দাদাগিরি দেখতে দেখতে নেট সার্ফিং।মাঝে মাঝে অবশ্য অনেক রাত অবধিই কাজ চলে, but I don't mind , আরে বাড়িতে তো থাকতে পারছি , মায়ের হাতের রান্না খেতে পারছি , রোজ নাকে মুখে গুঁজে দৌড় ঝাঁপ করে অফিস যাওয়া - আসা,late night meeting - এসবের হাত থেকে বেঁচেছি।আর উপরি পাওনা হিসেবে বন্ধুবান্ধবদের সাথে আড্ডা দেওয়া।আগে তো সারা সপ্তাহ অফিসের কাজ সেরে weekend - এও বেড়োতে ইচ্ছা করতো না আর এখন তো কাজ হালকা থাকলে weekdays - ও বেড়িয়ে পড়ছি ।ভালোই কাটছিলো "lockdown period", "work from home" , কিন্তু সেদিনের একটা ঘটনায় সব ভালো লাগাটাই কেমন বিষাদে ভরে ওঠে।

শুক্রবার সাধারণত অফিসের কাজটা বেশিই থাকে,কিন্তু সেদিন মোটামুটি সব কাজই দুপুরের মধ্যেই শেষ হয়ে গেছিলো,আর মা বাবারও তাদের এক বন্ধুর বাড়িতে নিমন্ত্রণ ছিলো। আমার কাজ শেষ হয়ে যাওয়ায় আমাকেও যেতে বলেছিলো,তবে আমি আবার ভিড় ভাট্টা এড়িয়েই চলি, তাই ওঁদের সাথে গেলাম না, আবার পুরো বিকেলটা বাড়িতে বসে থাকবো,সেটাও আমার ' না পছন্দ ' , তাই বেড়িয়ে পড়েছিলাম একা - একাই।ভাবছিলাম মেট্রো ধরে গড়িয়ার দিকটা যাবো।আমাদের বাড়ি থেকে মেট্রো বেশি দূরে নয়,তাই হাতে একটা lays - এর প্যাকেট নিয়ে নিজের মনেই খেতে খেতে হাঁটছিলাম।প্রথমটা ভালোভাবে খেয়াল করি নি।খানিকটা হেঁটে গিয়ে আবার ফিরে আসি।ভালো করে দেখি, হ্যাঁ ঠিকই তো,দোকানটা তো মনে হচ্ছে নতুনই। অন্যান্য দোকানের মত জিনিসপত্রে ঠাসা নেই বটে,তবে একটি বিশেষ কারণের জন্য আমি বেশ কৌতূহল বোধ করি।সাধারণত,স্টেশনারি দোকানে যে সমস্ত জিনিস থাকে,তার সাথে সাথেই এই দোকানটিতে হাতে আঁকা বেশ কিছু wall hanging আছে।আমি একটু দূরে দাঁড়িয়েই

আঁকাগুলো দেখছিলাম ।হঠাৎই দোকানদারটি আমায় বলেন,"কিছু নেবেন?"আমি প্রথমে একটু অপ্রস্তুত হয়ে পড়ি,তারপর গুটি গুটি পায়ে এগিয়ে যাই।

দোকানদার,"আমি দেখছিলাম,আপনি অনেকক্ষণ ধরেই দাঁড়িয়ে আছেন,তাই ডাকলাম। কিছু নেবেন?"

আমি একটু হেসে বলি,"নাহ্ আসলে আমি এখান দিয়ে প্রায়ই যাতায়াত করি,আগে তো আপনার দোকানটা দেখি নি,তাই আর কি!"

দোকানদার,"হ্যাঁ,এই ১সপ্তাহ হলো দোকানটা খুলেছি।"

আমি,"ও আচ্ছা। দোকানটা ভালোই হয়েছে,পরিষ্কার পরিচ্ছন্ন। বলছি কাকু,আঁকাগুলো কার আঁকা?বেশ সুন্দর।"

উনি অল্প হেসে বলেন,"আমারই আঁকা।"

আমি,"বাহ খুব সুন্দর আঁকেন তো আপনি।"

দোকানদার,"আসলে এই দোকানপাঠের ব্যাপারে খুব একটা অভিজ্ঞতা নেই, ওই নিজেই যতটুকু পেরেছি টুকটাক করে করেছি। অবসর সময়ে এগুলো এঁকেছিলাম,এতদিন ঘরবন্দী হয়েই পড়েছিলো,তাই ভাবলাম সবকিছু নিয়ে সাজিয়েই বসি নাহয়।"

আমি এবার বেশ কৌতূহলী হয়ে পড়ি,"অভিজ্ঞতা নেই মানে?"

উনি হেসে বলেন,"সে অনেক কথা আপনি তো বোধহয় কোথাও যাচ্ছিলেন,আপনার দেরী হয়ে যাবে না!"

আমি,"কাকু,আমি আপনার মেয়ের বয়সী,আমাকে তুমি বলুন।"

কাকুটি হেসে বলেন,"আচ্ছা বেশ।"

আমাদের কথার মাঝেই একজন চা দিতে আসেন। দোকানদার কাকুটিকে উদ্দেশ্য করে উক্ত ব্যক্তিটি বলেন," মাস্টার দা এই নিন আপনার চা।"তারপর আমার দিকে তাকিয়ে বলেন,"বোন মাঝে - মধ্যে এসো কিন্তু,জিনিস কিনো,নতুন দোকান তো।"

আমি মাথা নেড়ে সম্মতি জানাই।

উনি(চাওয়ালা) চলে যেতেই আমি এবার দোকানদার কাকুটিকে জিজ্ঞেস করি,"আপনি পড়ান?"

উনি ম্লান হেসে বলেন,"পড়াতাম। এখন আর পড়াই না।"

আমি এবার একটু বিস্মিত হই,মনে মনে ভাবি,"রিটায়ারমেন্টের পর না পড়িয়ে এভাবে দোকান খুলে বসেছেন!"

তবে,মুখে কিছু বলি না,হেসে বলি,"ওহ আচ্ছা। কি পড়াতেন?"

উনি বলেন, "আমি একটি বেসরকারি স্কুলের প্যারা টিচার ছিলাম , ইতিহাস পড়াতাম।"

তবে,আমার অবাক হওয়ার কারণটা বুঝতে পারেন অভিজ্ঞ মানুষ তো!তাই এবার নিজে থেকেই বলেন,"আমাদের অনেক বড়ো পরিবার,অনেক ছোটো থেকেই সংসারের দায়িত্ব নিতে হয়েছিলো,পুরোপুরি পড়াশোনা শেষ করার আগেই। পরে আর নতুন করে পড়ার সুযোগ বা সময় কোনোটাই হয়নি। তাই,পার্মানেন্ট শিক্ষক হিসেবেও নিযুক্ত হতে পারিনি। তাও,বেশ চলে যাচ্ছিলো। মেয়ের বিয়ে দিয়ে ভেবেছিলাম ,এবার বুড়ো - বুড়ির ঠিক চলে যাবে। কিন্তু , ওই যে কথায় বলে না মানুষ যা ভাবে এক হয় আর এক!"

একটু থামলেন ভদ্রলোক , বোধহয় মনে মনে নিজেকে একটু প্রস্তুত করলেন। তারপর আবার বলতে শুরু করলেন,"এই মহামারি ,আর তারপর এই লকডাউন!আমার চাকরিটাও চলে গেলো।"

আমি,"আপনি রিটায়ার করেন নি?!"

উনি হেসে বলেন,"নাহ্। এখনও বেশ কিছু বছর শিক্ষকতা করতে পারতাম। লকডাউনের পর প্রথম দিকে মাইনে পত্তর পাচ্ছিলাম বটে;তবে কিছুদিন পর স্কুল কর্তৃপক্ষের তরফ থেকে জানানো হলো,গার্জেনরা স্কুলের ফিস দিতে চাইছেন না,তাই এই মুহূর্তে ওনাদের পক্ষে এতজন শিক্ষকের পারিশ্রমিক দেওয়া সম্ভব হচ্ছে না,খুব সীমিত সংখ্যক শিক্ষককে নিয়েই ওনারা এখন অনলাইন ক্লাস করাবেন। আর তাছাড়াও আমি নাকি অনলাইনে সেভাবে ক্লাস নিতে পারছি না, গার্জেনরা ওনাদের কাছে অভিযোগ জানিয়েছেন। তাই এই মুহূর্তে আমাকে আর কোনো ক্লাসই নিতে হবে না,স্কুল খুললে ওনারা জানাবেন।

লকডাউনের মেয়াদও শেষ হয়েছে, স্কুলও খুলেছে,তবে ওনাদের আর আমাকে দরকার পড়ে নি। জমানো টাকা থেকেই বা আর কতদিন চলবে বলো! তাও মেয়েটা যতটা পারে করে আমাদের জন্য। তবে,আমিই বা বাবা হয়ে বসে বসে কি করে মেয়ের থেকে সাহায্য নিই বলো?"

আমি,"অনধিকার চর্চা হয়ে যাবে,তবুও বলছি,আপনি টিউশন পড়াতে পারতেন তো!"

উনি হেসে বলেন ," সে ক্ষেত্রেও যে আমি অপারগ!কয়েকজন স্টুডেন্টকে তাদের মা বাবারাই এসে পড়ানোর কথা বলেছিলেন। আমিও স্বানন্দে রাজি হয়েছিলাম, পড়েওছিলো বেশ কয়েকমাস। তারপর,তাদের মধ্যে কয়েকজন হঠাৎ একদিন এসে বললো,এখন নানারকম "learning app" - এসে

গেছে,তারা বেশ আধুনিক উপায় পড়া বোঝাচ্ছে,এছাড়াও সপ্তাহান্তে পরীক্ষা,"P.T.M"(Parents Teacher Meeting) - সহ আরও নানারকমের সুবিধা আছে। ফলে,ছাত্রছাত্রীদের পড়াশোনার প্রতি আগ্রহও বাড়ছে,আর বাইরেও বেড়োতে হচ্ছে না।

তাই,তারা আর পড়তেও আসবে না। তারপর থেকে ওই গুটিকয়েক ছাত্রছাত্রীই সম্বল!একে তো এইরকম পরিস্থিতি তার ওপর জিনিসপত্রের এত দাম,কি করে কি সামলাবো!খুব ভেঙে পড়েছিলাম জানো তো!তখন আমার স্ত্রীই একদিন বললেন,"দেখো না যদি একটা ছোটো খাটো দোকান খোলা যায়।"

প্রথম প্রথম জানো তো মন থেকে একদম মেনে নিতে পারছিলাম না,কিন্তু আমার গিন্নি বুঝিয়েছেন,কোনো কাজই ছোটো নয়।

তাই,এই কিছুদিন আগে এই জায়গাটা ভাড়া নিয়ে দোকান খুলি। আগে স্কুলে পড়াতাম এখন দোকান সমলাচ্ছি। তবে,এরা এখনও "মাস্টারদা" বলেই ডাকে!কাজের সাথে সাথে পরিচয়টাও যে বদলে যায় নি,এটাই ভেবে ভালো লাগে।"

ভদ্রলোকের চোখের কোনটা চিকচিক করে ওঠে কিনা ঠিক ঠাওর করতে পারি না। তবে,বলারও কিছু খুঁজে পাই না, একটু হাসার চেষ্টা করি শুধু।

আমাকে চুপ করে থাকতে দেখে উনি বলেন,"তোমার অনেকটা সময় নষ্ট করে দিলাম,তাই নাহ্?"

আমি তৎক্ষণাৎ বলি,"না না কাকু একি বলছেন?আমার সেরকম কোনো কাজই ছিলো না। এমনি একটু বেড়িয়েছিলাম ভালোই হলো আপনার সাথে গল্প করে সময়টা কেটে গেলো।"

উনি হেসে বলেন,"আচ্ছা বেশ ভালো লাগলো,তোমার সাথে আলাপ হয়ে,মাঝে মধ্যে এসো। না না জিনিস কিনতে হবে না,এমনিই এসো।"

ওনাকে একটা dairy milk আর এক প্যাকেট বিস্কুট দিতে বললে,উনি বলেন,"দরকার হলেই কিনো কিন্তু।"

আমি আর বিশেষ কিছু বলতে পারি না,জিনিসগুলো কোনো রকমে নিয়ে মাথা নীচু করে বেড়িয়ে আসি। সেদিন আর কোথাও যাওয়া হয় নি,সোজা বাড়ি চলে এসেছিলাম।

আমরা অনেকেই অফিসে গিয়ে কাজ করতে হচ্ছে বলে বিরক্ত হচ্ছি , অনেকে আবার বাড়িতে বসে কাজ করতে হচ্ছে বলে "frustrated" হয়ে যাচ্ছি , স্যালারি না বাড়ায় অসন্তুষ্ট হচ্ছি , কোথাও ঘুরতে যেতে পারছি

না বলে রাগারাগি করছি , কিন্তু একবারও ভাবি না সেইসব মানুষগুলোর কথা, যারা এই সঙ্কটজনক পরিস্থিতিতে নিজেদের চাকরি হারিয়েছেন,কিংবা সেইসব দিন আনা দিন খাওয়া মানুষগুলোর কথা,অথবা সেইসব যুবক - যুবতীদের কথা যারা একটা চাকরির অপেক্ষায় প্রহর গুনছে!কিংবা এরকম আরো কত শত শত "মাস্টারদা" নিজেদের স্বাচ্ছন্দ্যের জায়গাটা হারিয়ে ফেলেছেন , বাধ্য হয়ে প্রবেশ করেছেন নতুন একটা কাজের জগতে , নিজের মান - সম্মান , যোগ্যতার কথা ভুলে।

এখন মাঝে মধ্যে যখনই ওই রাস্তা দিয়ে যাই; "মাস্টারদা"র দোকানের সামনে খুব সামান্য সময়ের জন্য হলেও থমকে দাঁড়াই। ওনার সাথে চোখাচুখি হলে উনি হেসে মাথা নাড়েন। দরকার হলেই কিছু জিনিস কিনি ওনার দোকান থেকে।

সেদিন ওনার সম্মন্ধে শোনার পর জানার পর উপলব্ধি করেছি যে ," কর্ম ছাড়া জীবন অচল। আমরা খুবই ভাগ্যবান যে এই পরিস্থিতিতেও আমাদের ভাবতে হচ্ছে না পরের দিন কিভাবে চলবে! ঘরে বসে হোক কিংবা অফিসে গিয়ে কাজ করে হোক ,দিনের শেষে কিংবা মাসের শেষে অর্থের চিন্তা করতে হচ্ছে না। তাই , আমার কাছে বা আমাদের কাছে যা আছে যেটুকু আছে - সেটা নিয়েই খুশি থাকতে হবে।"

আমাদের সমাজের এরকম আরো অনেক

"মাস্টারদা" - র মতো মানুষদের প্রতি জানাই শ্রদ্ধা ,যাঁরা এই বয়সে বিশেষত এইরকম সঙ্কটজনক পরিস্থিতিতে হার না মেনে আবার নতুন করে সবটা শুরুর কথা ভেবেছেন এবং তাঁদের পশ্চাতে থাকা সেইসব মানুষগুলোর প্রতি যাঁরা তাদের সাহস জুগিয়েছেন।

পুনশ্চ: এই গল্পের কিয়দাংশ আমার মস্তিষ্ক প্রসূত হলেও,গল্পে বর্ণিত ব্যক্তি এবং তার সাথে জড়িত সমস্ত ঘটনাই সত্য।আমি এখানে সেই সমস্ত মধ্যবিত্তদের কথা তুলে ধরতে চেয়েছি , যাঁদের কথা আলাদা করে কখনও আমরা ভাবি না। ' তথাকথিত ' কোনো অবদান নেই বলে , এঁদের গল্প চিরকাল চাপা পড়েই থাকে।

16

ফিরে দেখা

ফিরে দেখা

শ্রেয়া (কুহেলিকা)

অনেকদিনের ইচ্ছে ছিল কলকাতার নামী কলেজে পড়ার। রেজাল্ট ভালো থাকায় চান্সও পেয়ে গেলাম। মফস্বলের ছেলে হওয়ার সুবাদে এতোবড়ো শহরে আগে কখনো আসা হয়নি। সম্পূর্ণ অপরিচিত পরিবেশের সাথে নিজেকে খাপ খাওয়াতে বেশ অসুবিধাই হচ্ছিল প্রথমের দিকে। এখানে কাউকেই চিনি না প্রায়, না অভ্যস্ত শহুরে জীবন যাত্রায়! তাই বন্ধু বান্ধবও নেই বললেই চলে।

মেস থেকে কলেজ আর কলেজ থেকে মেস এভাবেই দিন কেটে যাচ্ছিলো। আমিও আবদ্ধ ছিলাম শুধু মাত্র নিজের পড়াশুনার মধ্যেই। ফার্স্ট সেমিস্টারের পরীক্ষায় আমার রেজাল্ট নজর কাড়লো প্রত্যেকেরই। ছোট্ট মফস্বলের একটা ছেলে কলকাতার কলেজে টপ করেছে! খবরটা পুরো কলেজে ছড়িয়ে পড়তে বেশি সময় লাগলো না। নতুন বন্ধু বান্ধবও হলো অনেক। অনেকেই নিজে থেকে আলাপ করতে এলো।প্রেম প্রস্তাবও পেলাম বেশ কয়েকটা কিন্তু তখন সেসবের দিকে মন দেওয়ার ইচ্ছে ছিলো না।

বাবা গ্রামের প্রাইমারি স্কুলের শিক্ষক, রোজকার সামান্যই । আমার পর আরো দুই ভাই বোন। তাদের পড়াশোনার খরচ,সংসারের খরচ পুরোটাই বাবার একার ঘাড়ে। যদিও স্কলারশিপের দৌলতে আমার পেছনে খুব একটা খরচ হয় না কিন্তু তবুও মেস খরচ বাবদবেশ কিছুটা লেগেই যায়।

আপাতত এখন জীবনের এক এবং অদ্বিতীয় লক্ষ্য হলো পড়াশুনা শেষ করে একটা ভালো চাকরি জোগাড় করা।

কিন্তু এই ছন্দের পতন ঘটলো আমার জীবনে লাবন্যের আগমনে। এক নিমেষের মধ্যে সব হিসেব গুলিয়ে গেলো যেনো!

তখন আমার সেকেন্ড সেমিস্টার আর লাবন্যের ফার্স্ট। স্মার্ট শহুরে আধুনিকতায় ভরপুর এই মেয়েটা আমার মতো হাঁদা রামের প্রেমে কি করে পড়লো তার উত্তর আজও খুঁজে পাইনা।

তবে লাবন্য প্রায়ই বলতো "তুমি যেমন,আমার কাছে তেমন ভাবেই শ্রেষ্ঠ। শুধু বাইরের চাকচিক্য থাকলেই সুন্দর হওয়া যায় না।আসল সৌন্দর্যতা মনের মধ্যে থাকা দরকার।" লাবন্য ছিল কলা বিভাগের ছাত্রী, খুব সুন্দর কবিতা লিখতো সে। এমন অনেক পড়ন্ত বিকেলে লাবন্যের কাঁধে মাথা রেখে তার কবিতার মাঝে হারিয়েছি। গঙ্গার ঘাটে সূর্যাস্তটা ভীষণ প্রিয় ছিল...মাঝে মধ্যেই বেরিয়ে পড়তাম। মহানগরীর বুকে অজস্র মানুষের স্রোতের মাঝে লাবন্যর হাত ধরে ভেসেছি কতবার।

সময়ের স্রোতে একটা বছর পেরিয়ে গেলো। এই অল্প সময়ে শহুরে আদব কায়দা আমাকে আসক্ত করেছে অনেকটাই। পোষাক-আশাকের ধরন বদলেছে, সবার সাথে এখন মিশতেও পারি সহজে। বন্ধুদের পাল্লায় পড়ে সিগারেটেও টান দিয়েছি দু-একবার।

তবে এসবের পেছনে লাবন্যের ভূমিকা অনেকটাই। নিজের পছন্দমত আমাকে গড়ে নিয়েছিল সে।

যদিও সিগারেট জিনিসটা তার একদমই পছন্দ ছিল না। একবার তো আমার হাত থেকে সিগারেট ছাড়িয়ে নিজের ঠোঁটের মধ্যে চেপে ধরে লাবন্য। তারপর কাশতে কাশতে যাচ্ছে তা অবস্থা। তারপর থেকে লাবন্যের কড়া নির্দেশ যে জিনিস গলা থেকে বুকের ভেতর পর্যন্ত আগুন জ্বালায় তার সংস্পর্শে আসা সম্পূর্ণ অর্থহীন।

লাবন্য বলতো "ব্যাস এবার শুধু তোমার একটা চাকরির দরকার।তারপর বাড়িতে আমাদের সম্পর্কের ব্যাপারে জানাবো। একটা ভালো চাকরি পেলে বাবাও আপত্তি করবে না আর।" আমি আরো বেশি করে মন দিলাম পড়াশোনায়।

ফলসরূপ ফার্স্ট সেমিস্টারের মতো সেকেন্ড সেমিস্টারেও দুর্দান্ত রেজাল্ট এলো।

কলেজ শেষ হলো একসময়...কয়েকটা প্রাইভেট টিউশনি ধরলাম , চাকরি খোঁজার চেষ্টাও চললো সমান তালে। কিন্তু ভাগ্য সহায় হলো না।

ততদিনে লাবন্যরও কলেজ শেষ। বাড়ি থেকে বিয়ের জন্য প্রচন্ড চাপ আসছে, কোনোমতে ঠেকিয়ে রেখেছে সে। দিনের পর দিন অশান্তি বাড়তে লাগলো আমাদের মধ্যে, প্রতিদিনই প্রায় ঝগড়া হতো।

এদিকে প্রাইভেট কোম্পানিগুলোতে অ্যাপ্লাই করেও কোনো সুবিধা হলো না। এক জায়গায় ইন্টারভিউ দিয়েছিলাম বেশ আশ্বস্তও করেছিলো তারা কিন্তু এখন সেখান থেকেও কোনো খবর নেই। অন্যদিকে মা বাবা বাড়ি ফেরার জন্য চাপ দিচ্ছে। কি করবো কিছুই বুঝে উঠতে পারছি না। একদিকে পরিবার অন্যদিকে ভালোবাসা।

এরকমই একটা দুপুরে লাঞ্চ শেষ করে সবেমাত্র শুয়েছি। সিলিং ফ্যানটার দিকে একদৃষ্টে তাকিয়ে, অনেক চিন্তা মাথার মধ্যে ঘুরপাক খাচ্ছে কিন্তু কিছুই হদিস খুঁজে পাচ্ছি না।

হঠাৎ ফোনটা বেজে উঠলো...রিসিভ করার সাথে সাথে____" আজ একবার দেখা কোরো তো" লাবন্যর এই গম্ভীর কন্ঠস্বর ভালোই চিনি আমি। আর কথা না বাড়িয়ে জিজ্ঞেস করলাম

-- কখন?

-- পাঁচটা

টিঁ টিঁ শব্দে ফোনটা কেটে গেলো। সময়মতো ঠিক পাঁচটার সময় পার্কে গিয়ে দেখলাম লাবন্য আগেই পৌঁছেছে। অন্যান্য দিনের মতোই কাঠ চাঁপা গাছটার পাশের বেঞ্চটায় বসে সে।

আমি এগিয়ে গিয়ে চকোলেট টা বাড়িয়ে দিলাম লাবন্যের দিকে। আমরা যতোবার দেখা করেছি প্রতিবারই এটা ছিল অতি প্রয়োজনীয়, একদিন ভুলে গেলেই ম্যাডামেরর মুখ ভার।

কিন্তু আজকের ব্যবহারটা সম্পূর্ণ অপ্রত্যাশিত ছিল। ধাক্কা দিয়ে আমার হাতটা সরিয়ে দিলো লাবন্য। "এই বাচ্চামো গুলো এখন ভাল্লাগছে না শুভ!" মুখে একরাশ বিরক্তি নিয়ে কথাগুলো বললো লাবন্য। আমি হালকা হেসে সরে এলাম ___

-- কি যেনো বলবে বলছিলে?

-- "আমার বিয়ে ঠিক হয়ে গেছে। ছেলে প্রফেসর। বাবাকে আর কিছুতেই মানানো যাচ্ছে না। মা তো মাথার দিব্যি দিয়েছে এবার বিয়েতে অমত দিলে আমি মায়ের....." কথাটা শেষ না করেই নিষ্পলক দৃষ্টিতে আমার মুখের দিকে

তাকালো লাবন্য।

-- ছেলে দেখতে কেমন ? নিশ্চয়ই তোমার রূপকথার রাজকুমারের মতো?

-- "শুভ! আমি মজা করছি তোমার সাথে? তুমি বোঝো না!" ফর্সা গাল বেয়ে একফোঁটা জল নেমে এলো লাবন্যর চোখ থেকে। অভিমান ভরা দৃষ্টিতে আমার দিকে তাকিয়ে সে।

-- "চলো না শুভ পালিয়ে যাই আমরা। নতুন জায়গায় নতুন ভাবে জীবন শুরু করবো,সেখানে কেউ আমাদের চিনবে না জানবে না...

-- তা হয়না লাবন্য।

-- "কেনো? কেনো হয়না শুভ! কি চাও তুমি! আমার অন্য কারো সাথে বিয়ে হয়ে যাক। তুমি নিজের ভালোবাসাকে অন্যের হাতে তুলে দিতে চাও! ছিঃ শুভ ছিঃ! এই তোমার পৌরুষত্ব? "

আমার শার্টের কলার ধরে চিৎকার করে উঠলো লাবন্য। আশেপাশের লোকজন কৌতুহলী দৃষ্টিতে তাকালো আমাদের দিকে। বেশ কিছু চাপা গুঞ্জনও শোনা যাচ্ছিলো। ধীরে ধীরে লাবন্যর হাতটা ছাড়ানোর চেষ্টা করলাম।

-- বোঝার চেষ্টা করো..

-- "কি বুঝবো শুভ! কি করে বোঝাবো মনকে?" আমার বুকে মুখ গুজে কাঁদতে থাকলো লাবন্য। আমিও নিজের বাহুডোরে আবদ্ধ করলাম তাকে। হয়তো এটাই শেষ আলিঙ্গন!

হঠাৎই আমাকে ঠেলে সরিয়ে দিয়ে ছিটকে বেরিয়ে এলো লাবন্য। চোখের জলে কাজল লেপ্টে গেছে। দুহাত দিয়ে পাগলের মতো চোখের জল মুছছে সে কিন্তু তাতে অবাধ্য অশ্রু প্লাবন আটকাচ্ছে কোথায়!

-- "বেশ! ঠিক আছে। তুমি যা চাও তাই হোক। ভালো থেকো শুভ। আর কোনোদিন দেখা হবে না আমাদের...কোনো দিন না..." অস্পষ্ট শব্দে কথাগুলো বলেই দৌড় লাগালো লাবন্য। নির্জীব পাথরের মতো দাঁড়িয়ে রইলাম আমি। পশ্চিম আকাশ রক্তবর্ণ ধারন করেছে তখন। সূর্যাস্তে বেশি দেরি নেই। রঙিন পাখিদের বাসায় ফেরার ব্যস্ততা জানান দিচ্ছে আরেকটা দিনের সমাপ্তি আসন্ন।

-- তারপর! আর দেখা হয়নি আপনাদের?

-- নাহ্! পরের মাসেই লাবন্যর বিয়ে হয়ে গেলো। ওর বিয়ের কিছু দিনের মধ্যেই জয়েনিং লেটারটা পেলাম। পরেরদিন সকালেই জলপাইগুড়ির পথে রওনা হই। তারপর আমিও আর কোনোদিন চেষ্টা করিনি তার সাথে দেখা করার।

বাইরে বৃষ্টিটা অনেকটাই ধরে এসেছে । গাছের পাতায় টুপটাপ শব্দে জল চুঁইয়ে পড়ছে। সন্ধ্যে নামার সম্মুখে,একটা অস্বাভাবিক স্নিগ্ধতা বিরাজ করছে চারিদিকে। আলো আঁধারির খেলা পুরো ঘর জুড়ে। শুভদ্বীপ দা এর মুখের দিকে তাকিয়ে দেখলাম একবার।

ঠোঁটের কোনে সেই মৃদু হাসি লেগে। জানালা থেকে আসা শীতল বাতাসের স্পর্শে এলোমেলো হয়ে যাচ্ছে তার চুলগুলো।

ইন্টারভিউ নিতে এসে। বৃষ্টির জন্য আটকে যাবো আর এমন অভিজ্ঞতার সম্মুখীন হবো কখনোই ভাবিনি। তখনও অপলক দৃষ্টিতে তাকিয়ে মানুষটার মুখের দিকে। এতকিছুর পরও কিভাবে এতোটা শান্ত, স্নিগ্ধ হতে পারে কেউ!

পরের দিন সকালে দৈনিক খবরের কাগজের প্রথম পাতায় বড়ো বড়ো অক্ষরে ছাপা সংবাদটা কারোরই চোখ এড়ালো না।

"প্রত্যন্ত গ্রামাঞ্চলের ছেলে মেয়েদের শিক্ষার জন্য নিঃস্বার্থ ভাবে জীবনের অধিকাংশ সময় ব্যয় করেছেন তিনি। তার চেষ্টায় বিভিন্ন জেলায় জেলায় প্রতিষ্ঠিত হয়েছে দরিদ্র শিক্ষালয়। আজীবন এই কাজের সঙ্গে যুক্ত থাকা প্রতিজ্ঞাবদ্ধ, পুরুলিয়ার গর্ব স্যার শুভদ্বীপ বসাক রাষ্ট্রপতিপুরষ্কারে সম্মানিত হলো গতকাল....."

সমাপ্ত

17

ক্যামেরার পিছনে

ক্যামেরার পিছনে

সাম্যজিৎ ধাড়া

বছরের শেষে স্কুলে সমস্ত ছাত্র-ছাত্রীদের একমাত্র তাগিদ থাকে আনন্দের মধ্যে দিয়ে বছর টাকে শেষ করা। অপরদিকে স্কুলে অনুষ্ঠিত হয় বার্ষিক অনুষ্ঠান। তাতে বিভিন্ন ধরণের ক্রিয়া,প্রতিযোগিতা,অনুষ্ঠান এবং কিছু ক্লাব থাকে যারা,সারা বছরে ঘটে থাকা বিভিন্ন ঘটনার তথ্য ও কার্যকারিতা নিজেদের ক্রিয়াকলাপের মাধ্যমে ফুটিয়ে তোলে। যেমন,একটি হলো জাদু ক্লাব,সেখানে অনেকে ম্যাজিক শিখে তার প্রদর্শন করে আবার আর একটা হলো নিউজ ক্লাব ,এখানে পুরো বছর ধরে সারা পৃথিবীতে ঘটে চলা আশ্চর্য সব ব্যাপার এবং বিশেষ ঘটনা গুলি সংগ্রহ করে ছাপানো হয়। এতসব কাজের জন্য বেশ অনেক জনের প্রয়োজন হয়। তাই বার্ষিক অনুষ্ঠানের পূর্বে এইসব ক্লাবগুলি নিজেদের ক্লাবে সদস্য যুক্ত করার জন্য ছাত্র-ছাত্রীদের ওপর ঝাঁপিয়ে পড়ে। বেশ অনেকেই কৌতূহলবশত বা জানার,শেখার আগ্রহেই এইসব ক্লাব গুলোতে যুক্ত হয়ে যায়।

কিন্তু, এইসবের একেবারে বিপরীত এক মেরু হল শ্রীকান্ত। পুরো নাম হলো শ্রীকান্ত মজুমদার।

বাবার কাজের বদলির কারণে বছরের প্রায় শেষ,এমন সময়ে বার্ষিক অনুষ্ঠানের আয়োজনে তুমুল ব্যস্ত এমন এক একাডেমিক স্কুলে ভর্তি হয়েছে শ্রীকান্ত। তার সাথে ওর বাবার এক বন্ধুর ও বদলি হয়েছে। ওনার ছেলে রয়েশ,রয়েশ ঘোষ। ছোট থেকেই খুব ভালো বন্ধু ওরা দু'জন। একই স্কুলে ভর্তি

হয়েছে তারা। আর একই ক্লাসে পড়ার সুবাদে একইসাথে স্কুল যায় । রয়েশের গোয়েন্দা গল্প খুবই পছন্দের তাই সে ডিটেক্টিভ ক্লাবে যুক্ত হয়েছে। কিন্তু শ্রীকান্ত কোনো ক্লাবের সাথে যুক্ত হয়নি ওর তেমন কোনো আগ্রহও নেই। ও নিজেকে সময় দিতেই বেশি ভালোবাসে। তাই ওর রয়েশ ছাড়া তেমনকোন বন্ধুও নেই। আসলে শ্রীকান্ত লোকজনের থেকে একটু দূরেই থাকে, মানে থাকতে ভালোবাসে। শ্রীকান্ত সমাজতন্ত্রিকতার বিরোধী নয় কিন্তু ওর বেশি লোকজন সমাগম ক্লান্তিকর লাগে। অনেকেভাবে ও খুব দুঃখে থাকে ও একা তাই। কিন্তু না শ্রীকান্ত শান্তি আর নিস্তব্ধতাকেই বেশি ভালোবাসে। তাও রয়েশের সাথে বেশ অনেক কিছু নিয়েই কথা হয়। শ্রীকান্তর মধ্যে আগের মতো নির্জনতা অনেকটাই কেটে গেছে। নতুন স্কুলে ওর নিজের তেমন কোনো নতুন বন্ধু না হলেও এরই মধ্যে রয়েশ তার মিশুকে স্বভাবের জন্য প্রায় অনেক বন্ধুই বানিয়ে ফেলেছে। রয়েশ যেমন ডিটেক্টিভ ক্লাবের সাথে যুক্ত তেমনই সিনেমা ক্লাবের সাথে যুক্ত একটা মেয়ে, নাম গীতা আর সবার মতো ওর সাথেও খুব ভালো বন্ধুত্ব হয়ে গেছে রয়েশের। তার সুবাদে শ্রীকান্তরও কথা হয়েছে গীতার সাথে। গীতাদের সিনেমা ক্লাবের সদস্যরা মিলে একটা ছোট মত সিনেমা শুট করবে বলে স্থির করেছে। সেইমতো একজন স্ক্রিপ্ট ও লিখতে শুরু করেছিল। স্ক্রিপ্ট লেখার কাজ প্রায় শেষের দিকে, শুধুমাত্র শেষ অংশ টুকু বাকি। এমন সময় হলো এক বিপত্তি। যে স্ক্রিপ্ট লিখছিল বাড়ি থেকে টিউশনি যাওয়ার পথে তার হঠাৎ এক্সিডেন্ট হলো। বেশ ভালোই আঘাত লোগেছে। শরীরের বিভিন্ন জায়গায় কেটে গেছে তার সাথে আবার প্রচন্ড জ্বর, উঠতে পারছে না। সে এখন হাসপাতালে ভর্তি। সুস্থ হতে সময় লাগবে। কিন্তু অতোসময় তো গীতাদের কাছে নেই। গল্পের শেষঅংশটুকু শেষ না হলে শুট করার কাজ কবে শেষ হবে? আর স্ক্রিপ্টটা শেষ করাও খুব একটা সহজ না কারণ যে সিনেমাটার জন্য স্ক্রিপ্টটা লেখা হচ্ছিলো তার বিষয়বস্তু রহস্যে ঘেরা। তবে সিনেমা ক্লাবের সদস্যদের যে করেই হোক সিনেমা টাকে এই অনুষ্ঠানে দেখাতেই হবে। সিনেমাটার শেষটুকু তে আছে একটা রহস্য সেই রহস্যের উন্মোচনই করতে হবে। কিন্তু কিভাবে? স্ক্রিপ্টের এই টুকু অংশই বাকি রয়ে গেছে।

তাই অনেক ভেবে তারা ঠিক করল স্ক্রিপ্টের শেষের দিক টার জন্য ডিটেক্টিভ ক্লাবের সাহায্য নেবে। স্ক্রিপ্ট সম্পূর্ণ করার দায়িত্ব নিলো রয়েশ আর আরও কয়েকজন ডিটেক্টিভ ক্লাবের সদস্য। কিন্তু গল্পটা পুরো শেষ করার জন্য তার আগে পর্যন্ত যত টা কাজ হয়েছে পুরোটা দেখতে

হবে। রয়েশরা তো গেলো ই সাথে শ্রীকান্তকেও জোর করে নিয়ে গেল স্কুলের থিয়েটার হলে সিনেমাটা দেখার জন্য।

সিনেমাটার বিষয়বস্তু হলো এই-স্কুলের ছাত্ররা মিলে একটা গ্রামে পিকনিকের জন্য রওনা দেয়। কিন্তু হঠাৎ বৃষ্টি শুরু হয়। বৃষ্টি থেকে বাঁচার জন্য আশ্রয়ের খোঁজে যে যেদিকে পারে দৌড়ায়। তিন জন ছাত্র ছুটতে ছুটতে একটা বেশ পুরোনো ভাঙা বাড়িতে ঢুকে পড়ে। বাড়িটা ঠিক ভুতুড়ে বাড়ির মতোন। গা ছমছম করে ওঠে। তারা কৌতূহল বশত বাড়িটার চারদিকে ঘুরে দেখতে লাগলো। একসময় তারা তিনটি বন্ধ ঘর দেখতে পেলো। তারা সেই তিনটি বন্ধ ঘরের তিনটে চাবি ও পেলো এবং পেলো একটা 'মাস্টার কি'। যেটা দিয়ে সবকটা ঘরই খোলা সম্ভব। তিন বন্ধুতে তিনটি চাবি নিয়ে আলাদা আলাদাভাবে তিনটে ঘরে ঢুকে গেলো সেইখানে কি আছে দেখার জন্য। বেশকিছুক্ষণ পর দু'জন ফিরে এলো নির্দিষ্ট জায়গায় যেখানে তাদের একত্রিত হওয়ার কথা ছিল। কিন্তু অনেকক্ষন অপেক্ষা করার পরও যখন তৃতীয় জন ফিরে এলোনা তখন তারা সেই ঘরের দিকে গেলো যেই ঘরটাতে তাদের ওই বন্ধুটি ঢুকেছিল। কিন্তু ঘরের দরজা বন্ধ। তারা 'মাস্টার কি' দিয়ে দরজা খুলে দেখে তৃতীয়জন মৃত অবস্থায় ঘরের মেঝেতে পড়ে আছে এবং তার পিঠে একটা ছুঁড়ি বসানো। যেখান থেকে রক্ত বেরিয়ে তা আস্তে আস্তে শুকাতে শুরু করেছে। দুই বন্ধুই অবাক,যে কে খুন করলো তাদের কে!দরজা তো বন্ধই ছিল। তারা দেখল ঘরের একটিই মাত্র জানালা কিন্তু সেটাও বন্ধ। এখানেই সিনেমাটা শেষ হয়ে গেলো। এতটুকুই শুট করা হয়েছে। যা প্রায় অসম্পূর্ন সিনেমা হয়ে দাঁড়ায়। এখন রয়েশ আর তার ক্লাবের দায়িত্ব এই রহস্যের উন্মোচন করে সিনেমাটাকে সম্পূর্ণ রূপ দান করা। এই সবে শ্রীকান্তর তো কোনো কাজ নেই তাই সে হল থেকে বেরোতে যাবে এমন সময় হলে থাকা সিনামে ক্লাবের সদস্যরা আর ডিটেক্টিভ ক্লাবের কয়েকজন তাকে আটকালো এবং একজন দর্শক হিসাবে ওর মতামত দিতে বললো। রয়েশও শ্রীকান্ত কে যেতে দিল না। কি আর করার? একপ্রকার বাধ্য হয়েই দর্শক হিসাবে সেইখানে থাকতে হলো শ্রীকান্তকে। ডিটেক্টিভ ক্লাবের সদস্যরা শেষ অংশটুকুর জন্য অনেকরকম সিন এর কথাই বললো,যার মধ্যে বেশিরভাগই কাল্পনিক হয়ে যাচ্ছে। শ্রীকান্ত সবকটা প্ল্যানই বাতিল করে দিল। রয়েশ বুঝতে পারলো শ্রীকান্তর চাই এমন কিছু একটা যেটা পুরোপুরি বাস্তবও নয় আবার যেটাকে শুধুমাত্র কল্পনা বলে উড়িয়েও দেওয়া যাবে না,একেবারে অন্যরকম কিছু। রয়েশের এই রহস্যের প্রেমের কারণ হলো

শ্রীকান্তই।সে ই ছোটবেলায় রয়েশের মধ্যে সাধারণ জিনিসের মাঝে অসাধারণ কিছু খুঁজে বের করার নেশা জাগিয়েছিল।

শেষমেষ রয়েশ শ্রীকান্তকে বললো,"তাহলে তুই বল এই সিনেমাটায় খুনি কে?"

বাইরে থেকে দেখে বোঝা না গেলেও শ্রীকান্ত কিন্তু বেশ হাস্যকৌতুক ছেলে। সে বললো,"খুনি হল যে ক্যামেরা ধরে ছিল, মানে যে পুরো সিনেমাটাকে ক্যাপচার করেছে"।

গোয়েন্দা ক্লাবের সমস্ত গোয়েন্দা বন্ধুরা তো অবাক এমনকি সিনেমা ক্লাবের সদস্যরাও হা হয়ে আছে।শ্রীকান্ত বললো,"আরে, এই দেখো, যখন তিন জন বন্ধু তিনটে ঘর দেখতে যায় তখন ক্যামেরা ধরা ব্যক্তিটি মাস্টার কি দিয়ে দরজা খুলে তাকে মেরে আবার দরজা বন্ধ করে চলে আসে,যার কারণে এই অংশটুকু ক্যাপচার ই হয় নি ক্যামেরাতে এমন দেখানো হবে ।"

সবার মধ্যে থেকে একজন জিজ্ঞাসা করলো,"কিন্তু ক্যামেরা ধরা ব্যক্তিটি ওই ছেলেটাকে মারলো কেন?"

শ্রীকান্ত মুচকি হেসে বললো,"সেটা নাহয় দর্শকরাই ভাববে"।

কারো কারো মনে একটু আধটু বিভ্রান্তি থাকলেও কেউ আর কিছু বললো না।সিনেমার শেষ টুকু শ্রীকান্তর আইডিয়ার মতনই করে সিনেমাটা সম্পূর্ণ করা হলো।কাজের শেষে সবাই স্বস্তির নিশ্বাস ফেললো,আর কয়েকদিন পরেই অনুষ্ঠান।

বার্ষিক অনুষ্ঠানের দিন সিনেমা ক্লাবের তরফ থেকে সেই সিনেমাটির প্রদর্শনি করা হলো।সমস্ত ছাত্র -ছাত্রী এবং শিক্ষক শিক্ষিকারা সিনেমাটা দেখে অবাক ও চমকিত হয়ে গেল।সকল দর্শকের চোখে মুখে বিস্ময় আর ভালোলাগা দেখে শ্রীকান্তর ও খুব ভালো লাগলো।বলাই বাহুল্য এই বারের সেরা ক্রিয়াকলাপের পুরস্কার পেলো সিনেমা ক্লাব।আর সিনেমাটার শেষ সিন টা দেখে তো সবাই প্রশংসায় পঞ্চমুখ।শ্রীকান্ত ভাবতেও পারেনি এতটা বেশি কিছু হবে।তার মনে হল একবার ক্ষণিকের জন্য আবিষ্কৃত হলো তার বিশ্বাস, তার ভাবনার স্বরূপ।যা বহুকাল ধরে চিরন্তন রাতের মতো অন্ধকারে নিমগ্ন ছিল যাকে সে কোনোদিনও জাগতে দিতে চাইতো না, কিন্তু আজ তা উন্মোচিত হলো।সে ও তো পারবে চেষ্টা করলে কিছু করতে।সবসময় সবকিছুর থেকে এত দূরে থাকার প্রয়োজন কি?সেও চেষ্টা করবে কিছু করার।সবকিছুকে সাথে নিয়েও তো ভালো থাকা যায়।

সবকিছুই ভালোভাবে শেষ হলো। সিনেমা ক্লাবের সদস্যরা নিজেদের সাফল্যের জন্য শ্রীকান্তকে ধন্যবাদ জানিয়েছে এবং সেইসাথে পুরস্কারের অন্যতম দাবিদার হিসাবে তার নামও ঘোষণা করেছে।

আরেকটা ভালো ব্যাপারও ঘটলো শ্রীকান্তর সাথে। অনুষ্ঠানের শেষে সিনেমা ক্লাবের হেড এসে শ্রীকান্তকে অনুরোধ করলো সিনেমা ক্লাবে একজন স্ক্রিপ্ট রাইটার হিসাবে যুক্ত হওয়ার জন্য।

শ্রীকান্ত মৃদু হেসে উত্তর দিল 'নিশ্চয়ই'।

সমাপ্ত

18

শেষবেলা

শেষবেলা

সামীহা আরা সাবা অহনা

তাপসী রুমে ঢুকতেই সৃজন বলল,"কি রে,এত দেরি!"

তপসী বলল,"আর বলো না দাদা!চোখ লেগে গেছিল,উঠে দেখি দেরি হয়ে গেছে।"

সৃজন হেসে বলল,"বোস,বোস,শুরু কর।"

তাপসী কথা না বাড়িয়ে মাইকের কাছে গিয়ে বলল,

"শুভ রাত্রি সবাইকে!এইযে কোথায় যাচ্ছেন আপনারা! আমি তো শুভ রাত্রি জানালাম এই জন্যে যে, এখন আমরা শুরু করব আমাদের রাত্রির আড্ডা।কেবল মাত্র রজনীর শুরু! রাত যত বাড়বে আমি প্লে করব আপনাদের পছন্দের গান,আর দেব আড্ডা আপনাদের সাথে। চলুন এখন চলে যাই একটা গানে,গানটা এই রাতকে স্বাগতম জানিয়ে, "এখন অনেক রাত বাই অনুপম রয়।"

তাপসী কান থেকে হেডফোন সরিয়ে চেয়ারে আরাম করে বসল।সৃজন বলল,

"তুই সবকিছু যেভাবে সামলে নিস!"

তাপসী বলল,

"সামলে নিতে হয় দাদা! RJ বলে কথা...দাদা এক কাপ কফি খাওয়াতে পারো...নাহলে এখানেই ঘুমিয়ে যাবো।"

সৃজন হেসে চেয়ার ছেড়ে উঠে দাঁড়ালো।

তাপসী বলল,

"রাত বাড়তেই মনের কথাগুলো,পুরোনো স্মৃতিগুলো কেমন উথাল-পাতাল করে তাই না! তবে আসুন বলে দিন আপনার মনের কথা *********** এই নাম্বারে। আর মেসেজ করতে চাইলে করতে পারেন **** নাম্বারে।"

সৃজন বলল,

"একজন কল করেছে।"

তাপসী কানে হেডফোন লাগিয়ে বলল,

"হ্যালো।"

ওপাশ থেকে কেউ বলল,

"জ্বি আমি সিদ্ধার্থ বলছি।"

তাপসী বলল,

"কেথা থেকে বলছো তুমি সিদ্ধার্থ?"

সিদ্দার্থ বলল,

"আমি *** জায়গা থেকে বলছি। দিদি আমি রোজ আপনার প্রোগ্রামটা শুনি। আপনার গলা খুব মিষ্টি,কখন আপনার গলা শুনতে শুনতে ঘুমিয়ে পরি নিজেও জানি না।"

তাপসী মিষ্টি হেসে বলল,

"অসংখ্য ধন্যবাদ সিদ্দার্থ! তবে মায়ের গলার থেকে মিষ্টি কারোর গলার স্বর হয় না। মা এর গলায় ঘুমপাড়ানি গান শোনা হয়?"

সিদ্দার্থ বলল,

"শোনা হতো ছোট বেলায়। তবে পড়াশোনার জন্য গ্রাম থেকে শহরে এসে আর শোনা হয় না।"

তাপসী বলল,

"রোজ রাতে ঘুমানোর আগে একবার অন্তত মায়ের সাথে কথা বলে নেবে কেমন?"

সিদ্দার্থ বলল,

"জ্বি ঠিক আছে।"

তাপসী বলল,

"শুভ রাত্রি সিদ্ধার্থ!"

সিদ্ধার্থর কিছু বলার আগে ওপাশ থেকে কল কেটে গেল। তাপসী একটা গান প্লে করতেই সৃজন বলল,

"আরেকটা কল এসেছে। তুই নাহয় কলে কথা বল, আমি একটু মায়ের সাথে কথা বলে আসি।"

তাপসী হেসে বলল,

"আরে সৃজনদা মজা করো না। আমি কিন্তু সত্যি বলেছিলাম।"

সৃজন বলল,

"সেটা আমি জানি রে পাগলী। কিন্তু কল শেষে করে তোর চোখে জল দেখে তোকে হাসানোর জন্য কথাগুলে বললাম।"

তাপসী বলল,

"হাসি অনেক হয়েছে,দেখো কল এসেছে বোধহয় একটা।"

তপসী বলল,

"হ্যালো!যে বলছেন তার নাম এবং পরিচয় দিয়ে শুরু করুন।"

ওপাশ থেকে একটা মেয়ের রিনরিনে মিষ্টি গলা শোনা গেল। মেয়েটা বলল,

"আমার নাম মায়া। আমি *** থেকে বলছি।"

তাপসী বলল,

"হ্যা বলো মায়া।"

মায়া বলল,

"দিদিমণি আমি একজন ভদ্রমহিলার বাসায় কাজ করি। তিনি বিছানায় শয্যাশায়ী বলে দিনরাত তার সেবা করার জন্য তার সাথেই থাকতে হয়। ওনার মেয়ে মারা গেছে আজ দু'বছর। তিনি রোজ রাতে আপনার প্রোগ্রামটা শোনেন কারণ তার মনে হয় আপনার গলার স্বর তার মেয়ে রীতার মতো!"

তাপসী স্তব্ধ হয়ে গেল! সৃজন ফিসফিস করে বলল,

"তাপসী!কিছু বল।"

তাপসীর কিছু বলার আগেই মায়া নামের মেয়েটা বলল,

"উনি আপনার সাথে কথা বলার জন্য রোজ রাতে কল করতে বলেন। কিন্তু কল কোনোদিন তোলা হয় না। আজ তোলা হয়েছে,আপনি যদি ওনার সাথে কথা বলেন...."

তাপসী বলল,

"আমি অবশ্যই কথা বলব মায়া,দাও ওনাকে।"

কিছুক্ষন নীরব থাকার পর নীরবতা ভঙ্গ করে দুর্বল গলায় একজন মহিলা বলল,

"হ্যালো মা!"

মা ডাকটা শুনে তাপসীর চোখ জল চলে এল। তাপসী নিজেকে সামলে বলল,

"কেমন আছেন আপনি?"

ভদ্রমহিলা বললেন,

"আমি ভালো আছি মা, তুমি কেমন আছো?"

তাপসী বলল,

"ভালো আছি মাসীমা। আপনার শরীর কেমন?"

ভদ্রমহিলা হাসলেন, দুর্বল হাসি। তিনি বললেন,

"আর শরীর মা! সারাদিন শুয়ে-বসে থাকা ছাড়া আর কি-ই বা কাজ এই শরীরের! মা, তোমার গলার স্বর খুব মিষ্টি।"

তাপসী বলল,

"ধন্যবাদ!"

ভদ্রমহিলা বললেন,

"মা, আমার মেয়ের গলার স্বর ও এমন মিষ্টি ছিল। মা, আমার একটা কথা রাখবে?"

তাপসী বলল,

"জ্বি বলুন।"

ভদ্রমহিলা বলল,

"তোমার গলায় একটা গান শুনলে আমার খুব ভালো লাগত, শোনাবে আমাকে?"

তাপসী বলল,

"আ-আমি?"

ভদ্রমহিলা বললেন,

"মা, আমি হয়তো তোমার কেউ না। তাই জোর করার অধিকার আমার নেই। কিন্তু এটা একজন সন্তানহারা মায়ের ইচ্ছে। তুমি কি এই ইচ্ছে রাখবে মা?"

তাপসী সৃজন এর দিকে তাকালো। সৃজন ইশারায় বলল,

"কর না প্লিজ।"

তাপসী বলল,

"কোন গান?"

ভদ্রমহিলা বললেন,

"মা,তোমার যেটা ভালো লাগে সেটা।"

তাপসী দীর্ঘশ্বাস ফেলে গাইতে শুরু করল,

"কতবারো ভেবেছিনু

আপনা ভুলিয়া..

তোমারও চরণে দেব,

হৃদয় খুলিয়া!

গোপনে তোমারও সখা

কত ভালোবাসি,

গান শেষে তাপসীর চোখ থেকে একফোঁটা জল গড়িয়ে পড়লো। নিজেকে সামলে তাপসী বলল,

"হ্যালো!"

কিছু সময় ওপাশ থেকে কোনো সারা পাওয়া গেল না। তাপসী সৃজন কে বলল,

"কল কি কেটে গেছে?"

তখনই ওপাশ থেকে কেউ বলল,

"হ্যালো মা!খুব সুন্দর হয়েছে। অসংখ্য ধন্যবাদ তোমাকে।"

তাপসী কিছু বলার আগে কলটা কেটে গেল,হয়তো কেটে দিল!

"সৃজনদা!"

তাপসীর ডাকে সৃজন চমকে পেছনে তাকালো। অবাক হয়ে বলল,"কি রে?তুই এখন,এখানে!"

তাপসী বলল,"ওই যে নাম্বারে কাল কল এসছিল সেই নাম্বারটা আমাকে দিতে পারবে?"

সৃজন বলল,"কেন রে?কিছু হয়েছে?"

তাপসী বলল,"না দাদা,কিছু হয়নি। তুমি একটু নাম্বারটা আমাকে মেসেজ করে দেব প্লিজ!"

সৃজন বলল,"ঠিক আছে দিচ্ছি।"

তাপসী ক্যাফে তে বসে সেই নাম্বরে বার বার কল করে চলেছে। কিন্তু নাম্বার বন্ধ আসছে। কোনো কারন ছাড়াই চিন্তা লাগছে,কোনো সমস্যা হলো না তো!এসব ভাবতে ভাবতে অপরিচিত নাম্বারে কল আসলো তাপসীর ফোনে। তাপসী স্ক্রিন না দেখেই বলল,

"হ্যালো! "

ওপাশ থেকে সেই রিনরিনে মিষ্টি গলায় কেউ বলল,

"হ্যালো,কে বলছেন?"

তাপসী চমকে তোতলাতে তোতলাতে বলল,

"হ্য-ালো...আ-আমি তা-পসী..ব-বলছি।"

মেয়েটা বলল,

"জ্বি কে বলছেন?আপনার কথা বুঝতে পারছি না।"

তাপসী চুপ করে গেল। নিজেকে নিজেই বলল, "আমি এসব কি করছি! তাপসী দীর্ঘশ্বাস ফেলে বলল,

"হ্যালো,আমি তাপসী বলছি। কাল রাতে,আমার আপনাদের সাথে কথা বলেছিলাম।"

ওপাশ থেকে কোনো সারা পাওয়া গেল না। তাপসী চিন্তিত গলায় বলল,

"হ্যালো,হ্যালো!"

মেয়েটা কাঁপা গলায় বলল,

"জ্বী,জ্বী মাসীমার সাথে কথা বলেছিলেন।"

তাপসী বলল,"কিছু মনে করবেন না,আপনার নামটা যদি আরেকবার বলতেন।"

মেয়েটা বলল,"আমার নাম মায়া।"

তাপসী বলল,"শুনুন মায়া,কাল আপনি বলেছিলেন আপনার মাসিমা যার সাথে আমার কাল কথা হয়েছে আর কি ওনার মেয়ের গলা এবং আমার গলার স্বর কাছাকাছি!"

মায়া বলল,"জ্বী কাছাকাছি।"

তাপসী বলল,"আপনি এটাও বললেন,যে ওনার মেয়ে মারা গেছে।"

মায়া বলল,"জ্বী মারা গেছে আজ থেকে ১ বছর আগে একটা গাড়ি এক্সিডেন্টে।"

তাপসী বলল,"উনি কি অসুস্থ?"

মায়া বলল,

"জ্বি,উনি প্যারেলাইজড!"

তাপসী বলল,

"ওহ!উনার দেখাশোনার জন্য... "

মায়া বলল,

"জ্বি না,মেসো মসাই নেই আজ ৫/৬ বছর হলো। আর তার একমাত্র মেয়ে রীতা। তিনিও এখন আর নেই।"

তাপসী অবাক হয়ে বলল,

"তাহলে তোমার মাসিমার দেখাশোনা, দৈনন্দিন খরচ কি করে...!কিছু মনে করবে না,তোমাকে আমার থেকে বয়সে ছোট বলে মনে হলো তাই তুমি করে বললাম।"

মায়া বলল,

"না না,ঠিক আছে।আপনি আমার দিদির মতো, মাসিমার চিকিৎসার জন্য রীতা দিদি টাকা জমা করছিলেন,এবং মেসোমশাই এর পেনশন এর টাকা দিয়েই হয়ে যায়।"

তাপসীর চোখ ভিজে উঠলো।তারও যে কেউ নেই এই গোটা পৃথিবীতে!তাপসী নিজেকে সামলে বলল,"আমি কি ওনার সাথে দেখা করতে পারি?"

মায়া ওপাশ থেকে অবাক গলায় বলল,

"জ্বি বুঝলাম না।"

তাপসী বুঝতে পারলো সে না বুঝে একটা কথা বলে ফেলেছে।তাপসী নিজেকে সামলে বলল,

"মানে,আমি একটিবার ওনার সাথে দেখা করতে চাই।"

মায়া চুপ করে বলল,"আমি তো এক্ষেত্রে কিছু বলতে পারি না মাসিমা কে না জিজ্ঞেস করে।"

তাপসী বলল,"তুমি নাহয় কথা বলে আমাকে জানিও।"

মায়া বলল,"ঠিক আছে।"

"তুমি এসেছ মা!তোমাকে দেখে আমার খুব ভালো লাগল।"

তাপসী ঝর্ণা দেবীর হাত ধরে বলল,

"আপনার সাথে দেখা করেও আমার খুব ভালো লাগলো।"

ঝর্ণা দেবী বললেন,

"আমার যা শরীর হয়েছে,উঠে বসব সেটাও পারি না।এই যে তুমি আমার হাত ধরে আছো আমি কিছু অনুভব করতে পারছি না।কিন্তু আনন্দ যে লাগছে তা বলে বোঝাতে পারব না!"

তাপসী বলল,

"আপনার কি শরীর খারাপ?"

ঝর্ণা দেবী বললেন,

"না রে মা,এসব এক রোজকার বিষয় হয়ে দাঁড়িয়েছে।"

তাপসী চুপ করে রইলো।ঝর্ণা দেবী তার দুর্বল হাত তাপসীর মাথায় বুলিয়ে বলল,

"তোমাকে দেখতে অবিকল রীতুর মতো!শুধু চোখে চশমা থাকলে আরও মানাত তোমায়।"

তাপসী হালকা হাসল। ঝর্ণা দেবী বললেন,

"তোমাকে চশমায় বেশি মানাত বললাম বলে তেমার খারাপ লাগেনি তো!"

তাপসী বলল,

"না না মাসিমা,খারাপ লাগেনি।"

ঝার্ণা দেবী কিছু বলতে যাচ্ছিলেন তখন মায়া চা নিয়ে ঢুকলো। ঝর্ণা দেবী বললেন,

"দুপুরের খাবারের আয়োজন কর। আজ রীতু'মা আমাদের সাথে খাবে।"

মায়া রীতু'মা বলায় অবাক হয়ে তাকালো। ঝর্না দেবী বললেন,

"হা করে দেখছিস কি?"

মায়া কিছু না বলে ঘর থেকেও বেড়িয়ে গেল। ঝর্ণা দেবী বললেন,

"নাও মা,চা নাও।"

তাপসী চা না নিয়ে বলল,

"আপনি কি উঠে বসতে চাইছেন?আমি সাহায্য করব?"

ঝর্ণা দেবী হেসে বললেন,

"আসলে আমি এখন একা কিছুই করতে পারি না। তুমি সাহায্য করলে ভালো হতো মা।"

তাপসী ঝর্ণা দেবী কে উঠিয়ে বসাল। চায়ের কাপ হাতে তুলে দিতে তাপসী দেখল ঝর্ণা দেবীর হাত কাঁপছে। তাপসী নিজরে চায়ের কাপ রেখে বলল,

"মাসিমা আমি খাইয়ে দিই?চা গরম তাই বললাম।"

ঝর্ণা দেবী কিছু না বলে অবাক চোখে চা এর কাপ এগিয়ে দিলেন। তাপসী যত্নের সাথে ঝর্ণা দেবীকে খাইয়ে দিতে লাগলো চোখদুটো তার ভিজে উঠলো অনেকদিন পর।

"রান্না ভালো হয়েছে মা?"

তাপসী বলল,

"হ্যা,মাসিমা খুব ভালো হয়েছে। কিন্তু তুমি যে কিছু খাচ্ছ না!"

ঝর্ণা দেবী বললেন,

"না রে মা,এসব আর এখন খেতে পারি না।"

তাপসী বলল,

"কিন্তু মাসিমা...."

ঝর্ণা দেবী বললেন,

"মা,তুই খা,আমি দেখি নাহয়!"

তাপসী কিছু না বলে খেতে শুরু করল। ঝর্ণা দেবী হেসে বললেন,

"জানিস,তোর মেসো আমার হাতের রান্না ছাড়া খেতেই পারতেন না। আর্মি তে থাকাকালীন প্রায়ই চিঠিতে লিখতেন আমার হাতের রান্না তার মনে পরছে।"

ঝর্ণা দেবীর মুখে লজ্জা মাখা হাসি দেখা গেল। তাপসী বলল,

"মেসোমশাই দেখি খুব রোমেন্টিক ছিলেন!"

ঝর্ণা দেবী হাসলেন,বললেন,

"আমাদের প্রথম বিবাহ বার্ষিকীতে উনী আমাকে কি দিয়েছিলেন জানিস?"

তাপসী বলল,

"শাড়ি বুঝি..."

ঝর্ণা দেবী বললেন,

"না,একটা গাছ।"

তাপসী অবাক হয়ে বলল,

"গাছ!"

ঝর্ণা দেবী বললেন,

"হ্যাঁ গাছ। একটা কৃষ্ণচুড়ার চারা দিয়েছিলেন। আর বলেছিলেন। "এটা আমাদের ভালোবাসার প্রতীক।"

তাপসী হেসে বলল,

"আহা...!"

"আজ রাতটা থাকলে পারতিস!"

তাপসী ঝুঁকে হুইলচেয়ারের ওপরে থাকা ঝর্ণা দেবীর হাত নিজের হাত নিয়ে বলল,

"আমারও খুব ভালো লাগতো মাসিমা। কিন্তু আমাকে হোস্টেলেও পৌঁছাতে হবে। নাহলে আমাকে ঢুকতে দেবে না।"

ঝর্ণা দেবী ছলছল চোখে বলল,

"ঠিক আছে,আসিস মাঝে মাঝে। তুই আসলে আমার ভালো লাগবে।"

তাপসী হালকা হেসে বলল,

"আসব মাসিমা,অবশ্যই আসবো।"

"নতুন বছর আসতে চলেছে,এবং এই উপলক্ষে আমরা স্পেশাল প্রোগ্রাম এর আয়োজন করতে চাই।কারো কাছে এ সম্পর্কিত কোনো আইডিয়া আছে?"

তাপসী অনেকদিন ধরে এই সুযোগ এর অপেক্ষা করছিল।নতুন একটা প্রোগ্রামের আইডিয়া নিয়ে কাজ করতে চাইছিল।আজ সুযোগ নিজে হেঁটে এসেছে।তাপসী বলল,

"স্যার,আমার কাছে আরও একটি আইডিয়া আছে!"

অরবিন্দ মুখার্জি বললেন,

"হ্যা,বলো তাপসী।"

তাপসী উঠে দাঁড়িয়ে বলল,

"স্যার,নতুন বছর আসতে চলেছে এবং নতুন বছর মানেই,জীবনের নতুন এক অধ্যায়,নতুন উদ্যমে কাজ করা।এমনই নতুন বছরের অনুপ্রেরণা সৃষ্টিতে আমরা এমন কিছু মানুষকে আমন্ত্রণ করি যারা শত বাধা বিপত্তি কাটিয়ে,নিজের সবটুকু দিয়েছেন প্রিয় মানুষের জন্য,হৃদয় ছোঁয়ার গল্প।"

আরবিন্দ মুখার্জি মাথা নেড়ে বললেন,

"তাহল বলো,এ প্রোগ্রামে তুমি কাদের আনার কথা ভাবছ?নিশ্চয়ই তুমি বড় বিজনেস ম্যান,এবং গন্যমান্য ব্যাক্তিদের আনবে!"

তাপসী ইতস্তত করে বলল,

"আসলে,আমি সাধারণ মানুষের গল্প আনতে চাইছিলাম।কারণ গন্যমান্য ব্যাক্তিদের সাক্ষাৎকার সবাই নেবে।কিন্তু সাধারণ মানুষের সাক্ষাৎকার তো সবাই নেবে না।সাধারণ মানুষের জীবনে যে অসাধারণ থাকবে না এমনটা তো নয়!"

আরবিন্দ মুখার্জি কিছুক্ষণ চিন্তা করে বললেন,

"দেখো তাপসী তোমার আইডিয়া আমার পছন্দ হয়েছে।তবে,আমাদের প্রোগ্রাম থেকে লাভ করতে হবে।সাধারণ মানুষের গল্প অন্যরা শোনার আগ্রহ করবে বলে মনে হয় না।"

তাপসী বলল,

"কিন্তু স্যার...."

আরবিন্দ মুখার্জি বললেন,

"দেখো,তুমি তোমার আইডিয়া নিয়ে আমার কোনো আপত্তি নেই।কিন্তু সাধারণ মানুষের গল্প নেয়া হবে না।"

তাপসী দরজার সামনে নক করে বলল,

"আমি কি আসতে পারি স্যার?"

আরবিন্দ মুখার্জি ল্যাপটপ থেকে মুখ না তুলে বললেন,

"হুম এসো।"

তাপসী অরবিন্দ মুখার্জি এর সামনে বসতেই আরবিন্দ মুখার্জি বললেন

"দেখো,আমি যেটা বলেছি সেটা পাল্টাব না।এটা অনেক বড় রিস্ক,তার ওপর অনুষ্ঠান ভালো না করতে পারলে আমাদের অনেক বড় লস হবে।"

তাপসী বলল,

"প্লিজ স্যার একটু চিন্তা করে দেখুন!"

আরবিন্দ মুখার্জি ল্যাপটপ থেকে চোখ তুলে দীর্ঘশ্বাস ফেলে বলল,

"ঠিক আছে,কিন্তু আমার একটা শর্ত আছে।"

তাপসী অবাক হয়ে বলল,

"কি শর্ত?"

আরবিন্দ মুখার্জি বললেন,

"রিস্ক তোমাকে নিতে হবে।যদি প্রোগ্রাম সফলতা না পায় তাহলে তোমাকে বের করে দেয়া হবে।"

তাপসী গলা শুকিয়ে গেল।আরবিন্দ মুখার্জি ল্যাপটপ এ আবার মনযোগ দিতে দিতে বলল,

"দেখো তুমি কি করবে।"

তাপসী বলল,

"ঠিক আছে।"

আরবিন্দ মুখার্জি অবাক হয়ে বললেন,

"মানে!"

তাপসী বলল,

"যদি প্রোগ্রাম ভালো না হয় তাহলে আমি চাকরি ছেড়ে দেব।"

তাপসী চলে যাচ্ছিল পেছন থেকে আরবিন্দ মুখার্জি বললেন,

"মনে রেখো,সময় কিন্তু বেশি নেই।"

"স্টুডিওতে সময় রাত ১২ঃ০০।সবাইকে নতুন বছরের শুভেচ্ছা!নতুন বছর হোক নিয়ে আসুক সুখ-সমৃদ্ধি সবার জীবনে।প্রিয় মানুষগুলোর হাত ধরে নতুন বছর হোক আরও আনন্দময়!"

তাপসী সৃজন এর দিকে চোখের ইশারায় বলল,

"রেডি?"

সৃজন মাথা নেড়ে জানালো সব রেডি। তাপসী মাইক্রোফোনে কাছে আবার এগিয়ে এসে বলল,

"নতুন বছরে আমার বিশেষ আয়োজন,"শেষবেলা" আমাদের সকলের জীবনে নানা বাধা-বিপত্তি আসে। অনেকে সাহসের সাথে অতিক্রম করি,অনেকেই মাঝ পথে হার মেনে নিই। এমনই এক বাধা-বিপত্তি অতিক্রমের গল্প আজ আমরা শুনতে চলেছি আমাদের বিশেষ অতিথির কাছ থেকে।"

ঝর্ণা দেবী মাইক্রোফোনের কাছে এগিয়ে বলল,

"নমস্কার সবাইকে। আমি ঝর্ণা,ঝর্ণা দেবী।"

তাপসী বলল,

"সময় নষ্ট না করে চলুন শুরু করি।"

ঝর্ণা দেবী বলতে শুরু করলেন,সহজ স্বাভাবিক গলা। তাপসী মনযোগ সহকারে কথা শুনছে।

"আমার বিয়ে হয়েছিল বেশ কমবয়সে। কলেজ থেকে ক্লাস করে বাড়ি ফিরেছি,তখন শুনি আমাকে পাত্র পক্ষ দেখতে আসছ। ছেলে সেনাবাহিনী তে কর্মরত। আমি অবাক হয়ে কিছু বোঝার আগেই আমাকে সাজিয়ে পাত্র পক্ষের কাছে বসিয়ে দেয়!পরে আমাকে আবার আমার ঘরে নিয়ে আসে। পরে শুনতে পাই,পাত্র আজ আসেনি। সে ছুটি নিয়ে পরে দেখা করতে আসবে। পরিবারের বড়রা আমাকে পছন্দ করে গেছে,এবার ছেলে আমাকে পছন্দ করলে বিয়ের কথা পাকা করা হবে। আমি ভয় পেতে লাগলাম,এমনিতেও আমার বয়স কম তার ওপর আমি আর ভবিষ্যতে পড়াশোনা চালিয়ে যেতে পারব কি না সেই নিয়েও চিন্তায় পরে গেলাম। মা কে বলেছিলাম আমার পড়াশোনার কথা,কিন্তু মা বলল,বিয়ের পর সংসারই মেয়েদের সব। পড়াশোনা কিছু না। পরে ছেলে এসে আমাকে দেখে গেল,বেশ চুপচাপ। কিন্তু কথা বলার ধরন বেশ গোছানো। তখন ব্যাবহারে বুঝতে পারলাম না ছেলের আমাকে পছন্দ হয়েছে কি না। পরে মা জানালো ছেলে আমাকে বিয়ের জন্য হ্যাঁ বলেছে। সবাই বেশ খুশি হলেও আমার বেশ চিন্তা হচ্ছিল নতুন পরিবার,নতুন পরিবেশ এর সাথে মানিয়ে নিতে পারব কি না এই নিয়ে। ১ জানুয়ারি,১৯৯৬ সালে আমাদের বিয়ে হয়ে যায়। তখন তো আর এই নতুন বছর এর জন্য অনুষ্ঠান করা হতো না। তবে স্বামী হিসেবে তিনি একজন অনন্য ব্যাক্তি!বিয়ের প্রথম রাতে তিনি যে কথাটা তিনি বললেন সেটা হলো,

"তুমি চিন্তা করো না,আমি তোমার অনুমতি ছাড়া তোমাকে ছোঁব না।"

আমার স্বামী ছিলেন বাবা-মা এর একমাত্র সন্তান। আমার শ্বশুর মশাই আমার বিয়ের আগে মারা গিয়েছিলেন। স্বামী এবং শাশুড়ী কে নিয়ে বেশ ভালোই দিন কাটছিল। শাশুড়ী মা আমাকে বেশ ভালোবাসতেন। আমার পড়াশোনা চালানোর জন্য আমাকে কলেজে ভর্তি করে দেয়া হলো।

যখন আমি ৯ মাসের গর্ভবতী তখন আমাদের বাড়িতে একটা পুকুর ছিল। আমি পুকুরে কি একটা ধুতে গিয়েছিলাম। গর্ভবতী হওয়ার পর থেকে আমি কোনো কাজ স্বাচ্ছন্দে করতে পারি না। আমি পুকুর থেকে ধুয়ে উঠতে যাচ্ছিলাম তখনই আমার পা পিছলে যায় আর আমি.....

যখন আমার জ্ঞান ফেরে তখন আমি হাসপাতালে। আমার শাশুড়ী আমার পাশে বসা। শাশুড়ীর মুখ অন্ধকার,আমি ভয়ে ভয়ে জিজ্ঞেস করি আমার কি হয়েছে?শাশুড়ী মা কোনো একটা শব্দ উষ্চারণ করলেন না। পরে দেখলাম দরজা ঠেলে আমার স্বামী ঘরে ঢুকলেন। তিনি যা বললেন আমি শুনে দ্বিতীয়বার জ্ঞান হারালাম।

আমর পা পিছলে পেটের ওপর পরার কারণে আমার বাচ্চা মারা গেছে!

আমি আমার স্বামীর দিকে তাকাতে পারছিলাম না। নিজের সন্তান মরার কষ্ট মুখে প্রকাশ না করলেও চোখে স্পষ্ট দেখা যাচ্ছিল।

আমি পড়াশোনা বন্ধ করে দিই। পড়াশোনাতে কিছুতেই মন দিতে পারছিলাম না। স্বামীর সাথেও দূরত্ব সৃষ্টি হতে শুরু করে। এমনিতেও বছরের বেশিরভাগ সময় বাইরে থাকে,কিন্তু আগে চিঠি দিত। তখন চিঠি দেয়ার পরিমানও কমতে থাকে। রোজ ডাকপিয়ন যখন আসত মনে মনে ভাবতাম এই বোধহয় ওনার চিঠি এলো। কিন্তু আসত না।

এভাবে একদিন ওনার ছুটি পড়ল। তিনি বাড়ি আসলেন। সারাদিন কাজে ব্যাস্ত ছিলাম তাই কথা হতে পারেনি ঠিক করে। না উনি কিছু বললেন,রাতে আমি ঘরে শুতে যেয়ে দেখি উনি বসে আছেন। আমি কাছে যেতেই বিছানায় বসার ইশারা করলেন। আমি বসলাম,উনি আমার এক হাতে নিজের হাতে নিলেন। জিজ্ঞেস করলেন পড়াশোনা কেমন চলছে?আমি বললাম,ছেড়ে দিয়েছি পড়াশোনা। উনি বেশ অবাক হলেন কিন্তু কিছু বললেন না। আমিও চুপ করে গেলাম। উনি কিছুক্ষণ চুপ থেকে বললেন,আমি জানি আমাদের মধ্যে দূরত্ব সৃষ্টি হচ্ছে। একটা দূর্ঘটনা আমাদের মধ্যে বেশ দূরত্ব সৃষ্টি করে দিয়েছে।

আমার চোখ ভিজে উঠলো। উনি বললেন,আমি ভাবছিলাম...

আমার মনে হলো আমাকে হয়তো ছেড়ে দিয়ে অন্য কাউকে বিয়ে করবে। কিন্তু উনি বললেন সবকিছু নতুন করে শুরু করার কথা। আমি

খুশিতে কেঁদে দিলাম!

এর কয়েকমাস পর আমি জানতে পারি আমি আবার মা হতে চলেছি!বাড়িতে খুশির বন্যা বয়ে গেল। শাশুড়ীও পুরোনো সবকিছু ভুলে নতুন করে শুরু করলেন বাচ্চার আগমন। এবার আমাকে কোনো কাজ করতে দেয়াই হলো না। উনি কাজের মানুষ রেখে দিলেন। আমার যখন ৭ মাস চলে তখন ওনার কাছে একটা চিঠি আসে। ওনাকে কাজে জয়েন করতে বলা হয়। উনি আমাকে ওই অবস্থায় ছেড়ে যেতে চাইছিলেন না। কিন্তু তবুও জরুরি কাজের জন্য তাকে বাধ্য হয়ে যেতে হয়। আমাকে যাওয়ার আগে বলে যান,চিন্তা করো না আমি ঠিক ফিরে আসব।

তবে ওখানে যেয়েও আমাকে চিঠি দিতেন প্রায়ই। এভাবে আমার ডেলিভারির ডেট চলে আসে। আমাকে হসপিটালে নেয়া হয় কিন্তু ওনার কোনো খবর নেই। শাশুড়ী মা আশ্বাস দিলেন উনি চিঠি লিখে ডেট জানিয়েছিলেন। তার ছেলে চলে আসবে চিন্তা নেই। তবুও কেন জানি না মন ঘাবড়াচ্ছিল। যথাসময়ে আমার একটা মেয়ে হয়। মেয়ের নাম রাখি রীতা। আমাকে হসপিটাল থেকে পরে বাড়িতে নিয়ে আসা হয়। এমনই একদিন রীতা কে নিয়ে পুকুর পাড়ে বসে আছি। পুকুর পাড় ঘেসে রাস্তা। তখনই একজন ডাকপিয়ন এসে বলে আমার জন্য চিঠি এসেছে। আমার খুশিত চোখে জল চলে এল। হয়তো স্বামীর চিঠি,চিঠি নিয়ে বাড়ি চলে আসি। রীতা কে শাশুড়ীর কোলে দিয়ে নিজের ঘরে চলে আসি। তবে চিঠিটা কিছুদুর পড়তেই বুঝতে পারি এটা ওনার লেখা চিঠি না। এটা ওনার অফিস থেকে আসা চিঠি। আমি পড়তে শুরু করি। চিঠিতে লেখা ছিল.....

ওনাকে একটা জরুরি মিশনে পাঠানো হয়। আর ওই মিশন এ গুলিবিদ্ধ হয়ে উনি মারা গেছেন।

আমি এতটুকু পড়ার পর চোখ ঝাপসা হয়ে আসি এবং আমি জ্ঞান হারাই। যখন চোখ খোলে তখন আমার শাশুড়ী আমার মাথার কাছে বসা ওনার চোখ ভেজা। রীতা আমার পাশে ঘুমোচ্ছে। আমি কিছু বলার আগে উনি উনি বললেন,আমার ছেলে মারা যায়নি!ও দেশের জন্য শহীদ হয়েছে!

সরকারের পক্ষ হতে আনার স্বামীকে একটা মেডেল দেয়া হয়। আমার মেয়েটা বড়ো হতে শুরু করে বাবা ছাড়া। শাশুড়ীমা বলেছিলেন আমাকে আরেকবার বিয়ে করে নিতে। কিন্তু আমি আমার স্বামীর জায়গা কাউকে দিতে চাচ্ছিলাম না। তাই আর কোনোদিন বিয়ে করিনি। আমার মেয়েটা প্রায়ই জিজ্ঞেস করত আমার বাবা কোথায়.... তবে উত্তরটা দিতে পারতাম

না।

সময়ের সাথে সাথে মেয়েটাও বুঝে যায় তার বাবা শহীদ হয়েছে।

মেয়েটা যখন কলেজে পড়ে তখন আমার শাশুড়ী পরলোক গমন করলেন। মেয়েকে আমি শহরের বড় হোস্টেলে পাঠিয়ে দিই পড়াশোনা ভালো করে করার জন্য। আমি গ্রামে একা থেকে যাই। এটা যে আমার স্মৃতির মহল। রীতা অনেক বড় ইউনিভার্সিটি তে চান্স পায়। তখন রীতা আমাকে তার সাথে নিয়ে শহরে একটা বাড়ি ভাড়া করে থাকতে শুরু করে। ইউনিভার্সিটি তে থাকাকালীন আমি রীতা কে বিয়ে দেয়ার চিন্তা করি। কিন্তু রীতা রাজি হয় না। ও নাকি চাকরি না পেয়ে বিয়ে করবে না। পড়াশোনা শেষ করে রীতা অনেক বড় একটা চাকরি পায়। অনেক ভালো একটা কোম্পানিতে। রীতা কে নিয়ে শহরে একটা ফ্ল্যাট কিনে আমরা স্থায়ী হয়ে যাই। এভাবেই একদিন আমার মেয়ে কে বিদেশে যাওয়ার সুযোগ দেয়া হয়। সুইজারল্যান্ড এ অনেক বর একটা কনফারেন্সে হচ্ছে। মেয়েটা আমার সারা রাত জেগে প্রস্তুতি নেয়। ৩ দিন এর কনাফরেন্স,দেখতে দেখতে তিন দিন কেটে যায়। বাড়িতে তখন আমি আর মায়া। যেদিন রীতার আসার কথা অফিস থেকে তাকে আনতে গাড়ি যাওয়ার কথা। মেয়ের আগমনে আমি এবং মায়া মিলে রান্না করলাম। সব রীতার পছন্দের খাবার। রীতার জন্য অপেক্ষা করছিলাম এমন সময় আমার কাছে একটা ফোন আসে। খবর পাই আসার পথে একটা ট্রাক এর সাথে রীতার গাড়ির ধাক্কা লেগেছে!শুনেই আমার ভেতর কেঁপে যায়। আমি তাড়াহুড়ো করে সিড়ি থেকে নামার সময় পা পিছলে পড়ে যাই!যখন আমার জ্ঞান ফেরে তখন মায়া আমার সামনে এবং আমি হসপিটালে। মায়া কে জিজ্ঞেস করতে মায়া কিছুই বলল না। সে কিছুই জানে না বলল। পরে ডাক্তার আসেন,বললেন আমার কোমরে আঘাত লাগার কারণে আমি আর কোনোদিন হাটতে পারব না!

সব শুনে ভেতরটা দুমড়ে মুচড়ে গেল। কিন্তু তবুও ভাবি আমার মেয়েটা বেঁচে থাকলে হয়। মায়া জানাল যে রীতা কেও এই হসপিটালে ভর্তি করা হয়েছে। রাত ১২ঃ০০ টা নাগাদ অবস্থা খারাপ হতে শুরু করে। মাথায় আঘাত এট জন্য কোমায় চলে গেছিল এখন হার্টবিটও খুব কম। আমি উঠে মেয়েটাকে দেখতে যাবো,ডা. এর কাছে

যাবো সে উপায়ও নেই। আমি যে অচল!১২ঃ৩০ নাগান মায়া আসে। আর বলে রীতা.....

এরপর আমার আর বেঁচে থাকার ইচ্ছে ছিল না। কিন্তু এই অচল শরীর নিয়ে কিছু করারও ছিল না!আমি ওই একা ফ্ল্যাটে একা থাকতে শুরু করি। এবং এখনো একাই আছি।"

কথা শেষ করে ঝর্ণা দেবী থামলেন। তাপসী নীরবে তার চোখ মুছল।

"মাসিমা আপনার কি শরীর খারাপ লাগছে?"

ঝর্ণা দেবী বিছানায় শুয়ে বললেন,

"না মা,আমি ঠিক আছি।"

তাপসী বলল,

"তাহলে মাসিমা আসছি। কাল সকালে আমি আসব নাহয়।"

তাপসী চলে যাচ্ছিল ঝর্ণা দেবী তাপসীর হাত ধরে বললেন,

"মা দাঁড়াও।"

তাপসী ফিরে এসে বলল,

"বলুন মাসিমা।"

ঝর্ণা দেবী বললেন,

"আজ রাতটা যদি এখানে থাকতে..."

তাপসী বলল,

"মাসিমা আমি...."

ঝর্না দেবী বললেন,

"তুমি থাকলে খুব ভালো লাগতো আমার মা।"

তাপসী কিছুক্ষণ চিন্তা করে বিছানায় বসে ঝর্ণা দেবীর হাত ধরে বলল,

"ঠিক আছে মাসিমা। আপনি ঘুমান,রাত জাগা ঠিক হবে না আপনার।"

"তোমার প্রোগ্রাম অনেক ভালো হয়েছে তাপসী!সাধারণ মানুষ অনেক পছন্দ করেছে।"

তাপসী হালকা হেসে তার ফ্রেমের চশমার ফাক থেকে চোখ মুছে বলল,

"ধন্যবাদ।"

আরবিন্দ মুর্খাজি বললেন,

"তোমাকে প্রমোশন দেয়া হবে। এবং,যার গল্প কাল শোনা হলো ওনাকে কোম্পনির পক্ষ থেকে তার গল্পকে বই আকারে প্রকাশ করা হবে।"

তাপসী হেসে বলল,

"আমার প্রমোশন চাই না,শুধু এমন একটা প্রোগ্রাম এর আয়োজন করা হোক,যেখানে এমন মানুষেরা তাদের জীবন গল্প সবার সামনে তুল ধরতে পারে। এবং অন্যদের অনুপ্রাণিত করতে পারে।"

আরবিন্দ বললেন,

"সে তো অবশ্যই!আর ওনাকে নিয়ে যে বইটা..."

তাপসী বাধা দিয়ে বলল,

"প্রোগ্রাম এর রেকর্ডিং থেকে নাহয় নিয়ে নেয়া হবে।"

আরবিন্দ মুখার্জি বলল,

"কিন্তু ওনার পারমিশন?"

তাপসী মলিন হেসে বলল,

"আমি পারমিশন দিলাম ওনার হয়ে।"

আরবিন্দ মুখার্জি বললেন,

"ঠিক আছে।"

আরবিন্দ মুখার্জি চলে যাচ্ছিলেন তাপসী পেছন থেকে বলল,

"স্যার!"

আরবিন্দ মুখার্জি বললেন,

"বলো।"

তাপসী বলল,

"স্যার,আজ আমার মাসিমা ঝর্ণা দেবীর শ্রাদ্ধের অনুষ্ঠান!ওনার আত্মার শান্তি কামনায় একটা পুজো রাখা হয়েছে।আপনি আসলে ভালো হয়।"

সমাপ্ত

19

প্রকৃত সত্য

প্রকৃত সত্য

প্রবীর ঘোষ

কবির শঙ্খ বাদনে যেদিন শুনেছিলাম
"আয় আরো বেঁধে বেঁধে থাকি"
সেদিন বুঝতে পারিনি এই আহ্বান
কত গভীর,কত আবেগময়।
আজ এক কীটানূকীট যখন
সমগ্র বিশ্ব কে দাঁড় করিয়েছে খাদের কিনারে,
তখন বড়ো বেশি করে উপলব্ধি করলাম,
আমাদের চারি পাশে ধস।
সংকীর্ণ এক টিলার উপর দাঁড়িয়ে
ধ্বংসের প্রহর গুনছি আমরা।
অথচ কি চরম ক্ষমতা লিপ্সায়,
মিথ্যা অহমিকায় অন্ধ হয়ে,
সীমাহীন ভোগেচ্ছায় এই মারণ আতঙ্ক
ডেকে এনেছি আমরা।
লোভকে লাগামছাড়া করে দিয়ে,
নকল সুখের সমুদ্রে অবগাহন করে,
তলে তলে তলিয়ে যাবার
খাত খনন করে রেখেছিলাম-

বুঝেও বুঝিনি আমরা।
প্রাণ বায়ুকে করেছি দূষিত,
পানীয় কে করেছি কলুষিত,
সবুজের নিধন ঘটিয়ে,
রচনা করেছিলাম মিথ্যা সুখের রাজপ্রাসাদ।
ঘুন ধরা সেই ভীত তাই যখন কেঁপে উঠেছে,
তখন দোষারোপের পালা চুকিয়ে
শুরু হোক সমবেত লড়াই।
স্বার্থান্বেষীদের টুঁটি টিপে ধরে
এবার সোচ্চারে বলো সবাই,
"সবার উপরে প্রকৃতি সত্য
তাহার উপরে কিছু নাই"।

20

খেলাঘর

খেলাঘর

হেমলক শেরগিল

জীবন নামক চক্রবূহের খেলাঘরে প্রত্যেকদিন প্রত্যেক মূহুর্তে প্রতিপদে চলে নিত্যনতুন খেলা।

সেই খেলায় প্রত্যেকের জীবন কাহিনী কোন হরফে কি লিখে যায় তা কি সত্যি আমাদের জানা?

হয়ত হ্যা; হয়ত বা না!

ঠিক যেমন বাঁদর খেলায় বাঁদর টিকে ঠিক কিভাবে চালনা করবে তার মালিক;

তা তো বাঁদরটির জানা নেই!
আর তার কিছু করারো নেই।
সে শুধুই জানে পরিস্থিতির সাথে লড়তে,
আর সেই মুহূর্তটিকে আনন্দের নিঃশেষে ঝড়াতে।
কিন্তু তার খোঁজ কি আমরা মানবজাতি রাখি?
রাখি আমরা প্রত্যেকটা জীবনের উত্থান পত্তনের খোঁজ?
আমরা যে বড্ড "আমি" তে বাঁচি।
শুধু নিজেরই খোঁজ রাখি।
বাঁচি বিলাসিতায় মোঁড়া আধুনিকতায়।
তবুও আমরা পুতুল এই খেলায়!
কিন্তু মানুষ হবে যেদিন মানবিক,

নিজেকে মোড়াবে মনুষত্বের চাঁদরে
সেদিন...হ্যা সেদিন উপসংহারিত হবে এই ধূসর রঙা খেলাঘরের;
আর সূচনা হবে এক নতুন কাহিনীর, নতুন প্রজন্মের এক স্বচ্ছ "খেলাঘর"।

21

দাম

দাম

ঋষভ ব্যানার্জী

ব্যাগ হাতে তখনও স্টেশন এ দাঁড়িয়ে অনুষ্কা। শেষ ট্রেন টাও বোধহয় এবার পেরোবে।

এক বয়স্কা এসে জিজ্ঞেস করলেন,"অনেক্ষন ধরে দেখছি তুমি দাঁড়িয়ে। কারোর আসার কথা ছিল?"

অনুষ্কা ঠায় দাঁড়িয়ে দেখে। তবে উত্তর দিতে পারেনা।

"এরা আসেনা। আমার বেলাতেও আসেনি।" বলতে বলতে বয়স্কা এগিয়ে যান।

বোলপুর শহরটাই বোধহয় এমন। প্রত্যেকেরই নিজস্ব কিছু খুইয়ে ফেলার অভিজ্ঞতা আছে এখানে। আবার অনেকের প্রাপ্তিরও।

একটা দীর্ঘশ্বাস বেরিয়ে আসে অনুষ্কার। অর্ক কথা দিয়েও এলোনা তাহলে। সবমিলিয়ে প্রায় পঞ্চাশ বার ফোন করে ফেলেছে দুটো নম্বরেই। দুটোই সুইচ অফ। স্টেশন চত্বরে দাঁড়িয়ে মাথা হেঁট করে একটা স্মৃতিচারণ হয়ে যায় অনুষ্কার।

বাংলা নিয়ে পড়ার একটা অকৃত্রিম টান অনুষ্কার আজীবন ছিল। বাড়ির প্রত্যেকেই সায়েন্স বিভাগের হওয়া সত্ত্বেও অনুষ্কার জেদ সে নাকি সাহিত্য নিয়ে পড়বে। বাবা-মার চরম আপত্তি সত্ত্বেও হার মানেনা অনুষ্কা। বাবা মা কে রাজি করিয়েই ছাড়ে। তবে সমস্যাটা হয় আরেক জায়গায়। মেয়ের শখ সে শান্তিনিকেতন এ পড়বে। ওই মাটিতে নাকি রবিঠাকুরের ছোঁয়া,তার পদধূলি

আছে।
আজীবন কলকাতার মতো বড় শহরে মানুষ হওয়া মেয়ে।বাবা মায়ের নজরদারি তে থাকা মেয়ে কিনা অতদূর একলা একলা পড়তে যাবে। অসম্ভব! তবে ঐযে,কপালে থাকলে কি কিছু আটকানো যায়?একইভাবে এখানেও অনুষ্কার বাবা চন্দ্রকান্ত বাবুকে রাজি হতেই হলো। তবে কাকা পইপই করে বলে দিয়েছে সাবধানে থাকতে।আর সমস্যা হলেই জানাতে। দাদার এক বন্ধু নাকি ওখানে থাকে।সে ওর সুবিধা অসুবিধা গুলো দেখে নেবে।
কথামত শান্তিনিকেতন এসেও ছিল অনুষ্কা।মনে পড়ে কয়েকটা কথা।দুধারে ঝাউবন মাঝে রাস্তা।হয়তো এই রাস্তা দিয়েই যেতে যেতে কবিগুরু লিখেছিলেন,
"আমারে তুমি অশেষ করেছ,
এমনি লীলা তব।
ফুরায়ে ফেলে আবার ভরেছ
জীবন নব নব।"
ভাবতেই একটা আলাদা শিহরণ জাগে অনুষ্কার মনে।
বিকেলের দিকে রাস্তায় বেরিয়ে অল্প এগিয়ে যায় অনুষ্কা।ওর এই প্রকৃতি কে এতই সুন্দর লেগেছে যে কখন অনেকটা এগিয়ে এসেছে বুঝতে পারেনি। হঠাৎ পাশে চোখ যেতেই দেখে কেউ একজন নিখুঁত ভাবে সামনের প্রকৃতি কে ফুটিয়ে তুলছে ক্যানভাস এ।"ইসস কি বিচিত্র শিল্পী-হাত এর",মনে মনেই ভাবে অনুষ্কা। আগ্রহ নিয়ে এগিয়ে যায়।এককথায় নিখুঁত।ছেলেটাকে এতক্ষন লক্ষ্য করেনি অনুষ্কা।ছবির কাজ শেষ হতেই ছেলেটা মাথা তোলে।এতক্ষন যেন বিভোর হয়ে ছিল রং তুলিতে।
"কি দেখছেন মশাই।" বেশ সুন্দর একটা কন্ঠ কানে আসে অনুষ্কার।সে এতক্ষন ছবির দিকেই তাকিয়ে ছিল।
"আপনি তো খুব সুন্দর আঁকেন!মানে সত্যিই অনেক সুন্দর।" অনুষ্কা অল্প হেসে বলে।
"সুন্দর কিনা জানিনা।তবে আঁকতে ভালোবাসি।তা খারাপ হোক বা ভালো।" ছেলেটি বলে।
"হুমম বুঝলাম।তবে সত্যিই খুব সুন্দর।"
"ধন্যবাদ।কিন্তু আপনি এই পড়ন্ত বিকেলে এখানে?"
"আসলে এমনিই একটু ঘুরতে এসেছিলাম।আরকি।" অনুষ্কা একটু ঘাবড়ে গিয়ে বলে।আসলে ও এসেছিল দশ-পনেরো মিনিটের জন্য।কিন্তু সেটা যে

কখন পাক্কা এক ঘন্টা হয়ে গেছে সেটা খেয়ালই হয়নি।
"তা আপনি কি জানেন না যে এরকম সন্ধ্যায় এসব জায়গা মেয়েদের জন্য একদম সেফ নয়। তার উপর আপনি তো আবার মারাত্মক সুন্দরী। বলি বুকে ভয় নেই?" ছেলেটি অল্প হেসে বলে।
অল্প অল্প ভয় লাগে অনুষ্কার,তবে সামলে নিয়ে বলে,"এই চলে যাবো এবার।"

"কিসে এসেছেন?" ছেলেটি জিজ্ঞেস করে।
- "এসেছিলাম হেঁটে হেঁটে। কিন্তু..."
- "যেতে পারবেন না। আর এখানে এখন কোন অটো বা রিকশা ও নেই।"
চিন্তিত হয়ে পড়ে অনুষ্কা। দেখে বুঝতে পারে ছেলেটি।
"আপনার সমস্যা না থাকলে আমি ছেড়ে দিতে পারি আপনাকে।"বলতেই অনুষ্কা তাকায় ওর দিকে।
"আপনার সমস্যা না থাকলে।" ছেলেটি আবার বলে।
"চলুন।"অনুষ্কা বলে।
উপরে উঠে ছেলেটি বলে,"একটু দূরত্ব রেখে বসবেন। নইলে আবার ভাববেন ইচ্ছে করে ব্রেক কষছি।
"আমি তেমন কিছুই বলবো না বুঝলেন। আপনি বেশি উৎফুল্ল হয়ে পড়বেন না মনে মনে।" একটু ঝাঁঝিয়ে বলে অনুষ্কা।
"যাহ বাবা,আপনাকে সাহায্য করছি আর আপনি আমাকেই রাগ দেখাচ্ছেন!ভালোর দিনকাল নেই আর।" বলেই বাইক স্টার্ট দেয় ছেলেটি।
"এই আপনার পরিচয় টা তো বললেন না।"অনুষ্কা বলে।
"আমার নাম হলো অর্কদীপ। শিল্প বেচে খাই। এখন আর বিশেষ কিছু পরিচয় নেই। হলে জানাবো নাহয়। আর আপনি?" ছেলেটি হেসে বলে।
"আমি অনুষ্কা। অনুষ্কা চ্যাটার্জী। বাংলা সাহিত্য।" অনুষ্কা বলে।
"বাহ্।" বলেই এগিয়ে চলে অর্কদীপ।
"কি?কোনো সমস্যা হয়নি তো?"হোস্টেলে নামিয়ে অর্কদীপ অনুষ্কা কে বলে।
- "না,আমি বলেছি কিছু?"
-"না বলেননি তবুও আরকি। আচ্ছা আমি আসি তবে।" অর্কদ্বীপ বলে।
"শুনুন,আপনার ফোন নম্বর টা দিন।" অনুষ্কা বলে।
"কি করবেন এই অধমের নম্বর নিয়ে?" অর্কদীপ জিজ্ঞেস করে।
"আপনার আঁকার ফ্যান হয়ে গেছি। তাই দেখবো।"
সেদিন থেকেই ওদের সম্পর্কের সমীকরণ টা বদলাতে শুরু করে। বন্ধুত্বের

ঊর্ধ্বে উঠে যায় ওরা। পরে জানতে পারে দাদার সেই বন্ধুই অর্কদীপ। আদরে,ভালোবাসায় নামটা অর্কদীপ থেকে অর্ক হয়ে যায়।
অর্ক মাঝে মাঝেই নিজের ক্যানভাস এ ফুটিয়ে তুলতে অনুষ্কা কে। বলতো,"তুমিই আমার দেখা শ্রেষ্ঠ মডেল।"
প্রতিটা খুঁটিনাটি বিষয় ও পুঙ্খানুপুঙ্খ ভাবে ক্যানভাস এ ছিটকে যেত কালির বেসে।
আর অনুষ্কা মুগ্ধ হয়ে দেখতো সেগুলো। অনেকগুলো বৃষ্টিস্নাত বিকেল অর্ক'র বুকে কেটেছে। তার পুরুষালি হাত হাতড়ে বেরিয়েছে সুখ,ভালোবাসা।
অর্কদীপ সবসময় বলতো,"আমায় আটকে রেখোনা প্রিয়। তোমার সংসারের গাঁটছড়া বেঁধে ঘোরার ক্ষমতা আমার নেই। আমি কখনোই সংসারি হতে পারবোনা।"
অনুষ্কা তবুও বলতো,"একদিন ঠিক তুমি সংসারী হয়ে উঠবে। আমার ভালোবাসা কে অগ্রাহ্য তুমি করতে পারবে না।"
"আমি বড্ড বেখেয়ালি গো। এই হাট বাজার এসব আমার দ্বারা হয় না। আর রোজগারের ও ঠিক নেই। সংসারের অনেক দায়িত্ব,আমি তো খোলা পাখি হতে চাই।"
অনুষ্কা যখন পোট্রেট গুলো দেখতো। তখন অর্ক বলতো,"চিন্তা নেই। শিল্পী হতে পারি তবে এগুলো কখনো বিক্রি করবো না। আর যাইহোক ভালোবাসা কে বিক্রি করা যায় না।"
অনুষ্কাও পরম প্রাপ্তিতে অর্ক'র বুকে মাথা রাখতো। ডুবে যেত ভালোবাসার সাগরে।
আজ সত্যিই হয়তো অর্ক ওকে ছেড়ে বেরিয়ে গেল। ওকে সংসারে বাঁধতে পারলো না অনুষ্কা। কিন্তু ও তো বলেছিল যে সংসারের দায়িত্ব অনুষ্কা নিজেই নেবে। তার পরও কেন এলো না অর্ক?
এদিকে মায়ের একের পর এক মিসড কল। অনুষ্কা জানতো অর্কর সাথে দেখা করালে ওকে নাকচ করার ক্ষমতা কারোর নেই।
হোস্টেলে ফিরে আসে অনুষ্কা। খুব কান্না আসে,শান্তিনিকেতন পড়তে আসাটাই পাপের মনে হয়। তারচেয়ে ভালো হতো কলকাতায় ভর্তি হলে। উইকেন্ডে আসতো ঘুরতে। স্মৃতি তৈরির জায়গায় কষ্ট বয়ে নিয়ে যেতে হবে ওকে। মা কে ফোন করে জানিয়ে দেয় আজ আসতে পারবে না। কাল যাবে।
অর্কর অফিস গিয়ে জেনেছে অর্ক সকালেই দিল্লি চলে গেছে। কোন একটা এক্সিবিশন আছে। তাই সকাল থেকে ফোন সুইচ অফ।

পরের দিন বাড়ি আসে অনুষ্কা। মা অবাক হয়।
"কিরে? তুই না বললি অর্কদীপ নামের একটা ছেলে আসছে। আমাদের সাথে দেখা করতে।"
"আসলে ওই নামের কেউ নেই মা। ওটা তোমাদের চমকে দেওয়ার জন্য।" মাকে জড়িয়ে ধরে ম্লান হেসে অনুষ্কা বলে। মা মানে না ঠিক। হয়তো খানিকটা আঁচ করে নেয়। বলে,"যা হয় ভালোর জন্য হয়। খারাপ সব ভুলে নতুন করে শুরু কর। দেখ ঠিক বাঁচতে পারবি।"
পাত্র পক্ষ দেখতে আসে অনুষ্কা কে। ছেলের নাম রিমন। খারাপ নয়। তবে অনুষ্কার মন তো অন্য জায়গায়। বিকেলে দাদা ফিরবে দিল্লি থেকে। দাদা জানেনা যে অনুষ্কার প্রেমিক আর কেউ নয় তার বন্ধুই। বিকেলে এসেই অনুষ্কার খোঁজ নেয় দিব্যেন্দু। আর বোনের হাতে ধরিয়ে দেয় কয়েকটা পেইন্টিং।
"এগুলো দেখ। আরে দিল্লিতে এক্সিবিশন এ পেলাম। পুরো তোর মত লাগছিল। অনেক চড়া দাম ডাকছিল সবাই। আমার খারাপ লাগছিল তাই নিয়ে নিলাম। যাই দাম হোক। আর ব্যাপারটা হলো এটা আমার বন্ধুর আঁকা"

অনুষ্কা তখন কিছু বলতে পারছে না। চোখ লাল বর্ণ হয়ে আছে। জলে ভর্তি।
"কি রে?তোর খারাপ লাগলো?কি রে?কিছুতো বল।"
"দাদা ওটা আমার মত নয়। ওটা আমিই। অর্ক আমায় বিক্রি করছে। আমার ভালোবাসা বিক্রি করছে। হ্যাঁ দাদা অর্কই সে যাকে ভালোবাসি আমি।"
দিব্যেন্দু কিছু বলতে পারেনা। বোনের মাথায় হাত বুলিয়ে দেয়। বিক্রিত ভালোবাসার দাম ছিল দেড় লক্ষ টাকা!

22

Peace of Silence

Peace of Silence

Ayush Ghosh

Silence, Silence is capturing everywhere.
Capturing every grain of this world,
Every grain of the failure gaining people.
You wake up and see,
The roads are empty, factories are burried.
There is an unnatural silence.
This is the silence where a deaf can hear its own voice,
Its own heartbeats.
This is that type of silence,
Where you start thinking,
A life of a deaf is better than yours.
This is the silence,
Which can easily beat ,
The silence of a church at midnight.
This silence is bigger than the storm,
Bigger than the universe.
But not bigger than a piece of sand.
Not bigger than a cell of a depressed brain.
This is that type of silence,

Which sound is bigger than an eye full of tears,
Bigger than a glued heart.
I want to mix the reality with imagination.
I can take over the light's motion.
Reality hits my mind's eye,
Hits me again and again.
I like the wind of graveyards,
I like the last drop of water falling down from my lips.
Long ago I left good memory's yards.
I like to sleep on the sorrowful night's hip
. You have no words to tell yourself.
You have a only mirror as your friend.
I have no future to gift myself.
I am waiting for the needle of my watch changed.
Depression is only time's son.
My peace of my mind was already gone.
I am giving you all that my mind says,
Tired unspiritual man of my heart's wall is ready to chase.
I don't believe in the gods,
Don't believe in the all mighty.
I only believe in my right hand.
I want to be time's greatest son.
This is all about for money's race.
The poet of my mind is thankfullness.
For money,
don't make your life like a lift.
Don't forget to enjoy nature's greatest gift.
There is no one.
Only You and your peacefull broken mind.
The all tensed skies are vanished.
Peace of sky appearing everywhere.
Don't be the needy one,

Don't be the man who needs facilities only.
Be thankful for what you have,
And put a smile on your face.
Just talk with the nature with your broken mind.
Feel the peacefull agony,
Feel the silence that you can kept in your heart.
Feel this type of silence,
Which is greater than a silence of the house of almighty.
Take this silence dream to practical.
With the power of your silent brain cell,
And start a silent hustle,
To live in the passed away world.

www.ingramcontent.com/pod-product-compliance
Ingram Content Group UK Ltd.
Pitfield, Milton Keynes, MK11 3LW, UK
UKHW021232031026
15588UKWH00001B/38

9 798885 462518